MIRKO KRÜGER

Weimar
für Klugscheißer

Populäre Irrtümer und andere Wahrheiten

KLARTEXT

Impressum

1. Auflage März 2019

Layout, Satz:
Volker Pecher, Essen

Umschlaggestaltung:
Ina Zimmermann

Fotos Umschlag:
Marco Kneise
Peter Michaelis
Mirco Krüger
Stadt Weimar
©Ricant Images – stock.adobe.com
©by-studio – stock.adobe.com

Druck/Bindung:
Multiprint GmbH, Kostinbrod 2230,
Slavianska Straße 10 A, Bulgarien

KLARTEXT

Klartext Verlag, Essen
Jakob Funke Medien
Beteiligungs GmbH & Co. KG
Jakob-Funke-Platz 1
45127 Essen
info@klartext-verlag.de
www.klartext-verlag.de

© Klartext Verlag, Essen 2019

ISBN 978-3-8375-2088-0

Bibliografische Information der Deutschen Bibliothek
Die Deutsche Nationalbibliothek verzeichnet diese Publikation
in der Deutschen Nationalbibliografie; detaillierte
bibliografische Daten sind im Internet über http://dnb.dnb.de abrufbar.

Inhalt

Der Autor

Foto: Sascha Fromm

Mirko Krüger
Mirko Krüger ist Journalist der Tages-
zeitung „Thüringer Allgemeine". Seit
den frühen 1990er Jahren gehört der
„Kosmos Weimar" zu seinen großen
Themen. Zahlreiche Berichte und Inter-
views, zeitgeschichtliche Studien sowie
Reportagen sind seither erschienen.
Krüger ist Autor und Herausgeber meh-
rerer Thüringen-Bücher.

Salve

Weimar ist nicht einfach nur eine Stadt in Thüringen. Weimar versteht sich
selbst als Kosmos. In diesem Universum wimmelt es von großen Namen.
Nietzsche und Liszt gehören dazu, und Gropius. Der Erste erschütterte als
Philosoph das Abendland. Der Zweite beglückte uns mit wunderbaren
Kompositionen. Der Dritte begründete das Weimarer Bauhaus; er schenkte
der Welt die moderne Architektur.

Doch im Weimarer Kosmos strahlt niemand so wie Goethe und Schiller. Weimar
sei, so spottet deshalb mancher, die Stadt der toten Dichter. Dies stimmt
zweifelsohne, ebenso wie es stimmt, dass Weimar eine quicklebendige Stadt
ist. Rund 5000 junge Leute studieren an der Bauhaus-Universität und an der
Musikhochschule, was angesichts der 65.000 Einwohner eine enorme Zahl ist.
Festivals ziehen Künstler aus aller Welt an. Und wem eher nach volkstümlicher
Unterhaltung zumute ist, der kommt zum Zwiebelmarkt hierher. Kein anderes
Fest in Thüringen lockt an nur einem Wochenende derart viele Gäste an.

Weimar hat in den Augen vieler Einheimischer und Gäste genau die richtige
Größe. Die Stadt ist klein genug, dass man sich in ihr bestens auszukennen
glaubt. Und sie ist groß genug, dass man selbst als Alteingesessener immer
noch Neues zu entdecken vermag.

Dieses Buch lädt dazu ein, voller Neugierde durch das uns ach so vertraute
Weimar zu wandeln. Es möchte Aha-Momente bescheren, ohne ein Lexikon zu
sein. Es möchte unterhalten, ohne die Intelligenz seiner Leser zu beleidigen.
Es möchte den Stolz wecken, in einer der wunderbarsten Städte Deutschlands
zu weilen, ohne dabei an Selbstüberschätzung zu leiden.

„Salve", so grüßt manch alteingesessener Weimarer. Der lateinische Gruß bedeutet
„Sei gesund". Mehr als das geht selbst in einem Kosmos nicht.

Mirko Krüger

Weimar liegt im Osten Deutschlands

Weimar gehört zu Ostdeutschland. Dieser Satz geht nicht nur Westdeutschen wie selbstverständlich von der Zunge. Auch viele Weimarer werden ihn unterschreiben. Doch die Realität ist eine andere: Im Vergleich zu München liegt Weimar sogar im Westen.

Thüringen – das grüne Herz Deutschlands! Der Slogan ist allbekannt. Doch er hinterlässt Fragen. Wo schlägt eigentlich ein Herz? Links, wie Oskar Lafontaine zu sagen pflegt? Oder rechts, wie man nach einem oberflächlichen Blick auf eine Deutschland-Karte meinen könnte?

Links und rechts. Benennungen wie diese können Geografielehrer zur Verzweiflung bringen. Links meint – zumindest auf einer eingenordeten Karte – immer den Westen, rechts meint den Osten. Dass dies die Begriffswelten des Kalten Krieges umkehrt, vermag Ost- wie Westdeutschen zwar gleichermaßen ein Lächeln auf die Lippen zu zaubern. Aber all das Polemisieren führt in der Sache nicht weiter: Wo liegt Thüringen im Allgemeinen, wo seine Kulturstadt im Speziellen?

Goethes Wohnhaus in Weimar liegt auf dem Längengrad 11 Grad, 19 Minuten und 43 Sekunden. Man kann dies einen nüchternen Fakt nennen. Oder vielleicht auch einen ernüchternden Fakt, sofern man zum Beispiel aus München stammt. Denn das Hofbräuhaus in der bayerischen Metropole hat Koordinaten von 11 Grad, 34 Minuten und 48 Sekunden. Zu gut Deutsch: Die bayerische Landeshauptstadt liegt östlich von Weimar.

Wahre Weimarer wissen freilich, dass ihre Stadt zu vielem taugen mag, aber nicht für aufgesetzte Ost-West-Debatten. Schließlich liegt Weimar in Wahrheit einfach nur in der Mitte Deutschlands. Besser geht's nimmer.

Der Schnellvergleich

	Weimar	München
Ortsname mundartlich	Weemoar	Minga
Landeshauptstadt	Nein	Ja
Traditioneller Gruß	Salve / Wie `enn?	Grüß Gott!
Jahr der Ersterwähnung	899	1158
Einwohner	64.784	1.526.056
Oberbürgermeister	Peter Kleine (parteilos)	Dieter Reiter (SPD)
Naherholungsgebiet	Parks an der Ilm, in Belvedere, in Tiefurt und in Ettersburg	Englischer Garten
Fluss	Ilm	Isar
Größtes Volksfest	Zwiebelmarkt, 350.000 Besucher	Oktoberfest, 6 Millionen Besucher
Leibspeise	Bratwurst	Weißwurst
Brauereien	Ehringsdorfer	Augustiner, Hacker Pschorr, Hofbräu, Löwenbräu, Paulaner, Spaten
Traditionslokale	Café Residenz, Zum weißen Schwan, Elephantenkeller	Hofbräuhaus, Ratskeller, Biergarten am Nockherberg
Flughafen	300.000 Passagiere	40 Millionen Passagiere
Fußball	SC 1903, Thüringenliga	FC Bayern, 1. Liga

Aha

44,1

Jahre beträgt das Durchschnittsalter der Weimarer.

Wir sind Weimar

5.265

Ausländer leben in Weimar. Damit verzeichnet die Stadt einen Ausländeranteil von 8,2 Prozent.

763

Einwohner wohnen durchschnittlich auf einem Quadratkilometer.

64.784

Menschen hatten zu Beginn des Jahres 2018 ihren Hauptwohnsitz in Weimar. Es gibt rund 2000 mehr weibliche als männliche Einwohner. Die Einwohnerzahl unterlag seit der Jahrtausendwende nur kleinen Schwankungen nach oben und unten.

312

Ehen wurden im Jahr 2017 in Weimar geschlossen – und 144 geschieden. Beide Werte unterliegen über die Jahre starken Schwankungen.

Aha

Unsere Kinder

3.743 Kinder unter 6 Jahren lebten zu Beginn des Jahres 2018 in Weimar.

5.127 Kinder waren im Alter von 6 bis unter 15 Jahren.

1.601 Kinder waren im Alter von 15 bis unter 18 Jahren.

Jährlich kommen in Weimar mehr als 600 Babys zur Welt. Im Jahr 2017 entschieden sich Eltern am häufigsten für diese Vornamen:

	Mädchen	Jungen
1.	Sophie	Karl
2.	Marie	Ben
3.	Frieda	Oskar
4.	Emma	Emil
5.	Lea	Paul
6.	Emily	Theo
7.	Mila	Felix
8.	Sophia	Noah
9.	Lina	Henry
10.	Anna	Jonas

Aha

<u>Weimarer oder Weimaraner?</u>

Es gibt Fragen, die muten äußerst nebensächlich an. Und doch, sind sie erst einmal gestellt, dann lösen sie Debatten aus, die teils mit großer Emotionalität geführt werden. Zum Beispiel die berühmte W-Frage: Wie nennen sich die wahren Kinder Weimars? Weimarer oder Weimaraner? Oder sind sogar beide Bezeichnungen gleichermaßen erlaubt?
Weimaraner sind eine Hunderasse, hört man dann oft. Das stimmt zweifelsohne. Doch ist ein Hundsfott, wer die Weimarer trotzdem Weimaraner nennt?
Lassen wir einen Zweibeiner zu Wort kommen, einen gewissen Johann Wolfgang von Goethe. Der hatte dereinst in den Xenien geschrieben:

„Gott grüß euch,
Brüder, Sämtliche Oner und Aner!
Ich bin Weltbewohner,
Bin Weimaraner,
Ich habe diesem edlen Kreis
Durch Bildung mich empfohlen,
Und wer es etwa besser weiß,
Der mag's woanders holen."

Irrte der Dichterfürst? Hatte er das „aner" einfach nur erfunden, um einen Reim vollenden zu können? Oder wusste er es als Zugereister letztlich nicht besser? Wie heißt es denn nun richtig? Wir haben eine Internet-Umfrage unter Bürgern Weimars gestartet und gar erstaunliche Hinweise erhalten. Demnach gibt es ebenso Weimarenser und Weimaresen, Weimarsche und Weimarezianer, und mancher gilt gar als Weimariot …
Oder, um erneut mit Goethe zu sprechen: „Zufrieden jauchzet groß und klein: Hier bin ich Mensch, hier darf ich's sein!"

Weimaraner haben als Welpen blaue Augen, später werden sie bernsteinfarben. Sie erreichen Risthöhen von 70 Zentimetern und werden bis zu 40 Kilogramm schwer.

Fotos: Peter Michaelis

Aha

Auf den Hund gekommen

Es gibt nur wenige Hunderassen in Deutschland, die den Namen von Städten tragen, etwa der Hannoversche Schweißhund, der Leonberger sowie der Rottweiler – und der Weimaraner. Die Wiege dieses edlen und äußerst schlanken Jagdhunds stand zu den besten Klassikerzeiten in Weimar. Großherzog Carl August (1757–1828) soll sich eine Urform des Weimaraners von einem Jagdausflug nach Böhmen mitgebracht haben. Der Rest ist pures Züchterlatein, sprich: eine gnadenlose Auslese. Über Generationen hinweg wachten die Weimarer mit Argusaugen, dass sich nur die intelligentesten und drahtigsten Weimaraner fortpflanzen konnten. Das bescherte den Hunden letztlich einen Weltruf, dem sich auch ein späterer US-Präsident nicht verschließen konnte. Dwight D. Eisenhower wurde zu einem fanatischen Weimaraner-Fan. Ab 1942 diente er als Oberkommandierender der US-Armee in Europa. Als die GI's Weimar besetzten, soll Eisenhower die Order ausgegeben haben, alle Weimaraner aufzuspüren und als Kriegsbeute zu betrachten.

Dank William Wegman, einem Fotokünstler aus den USA, hielten die Weimaraner beginnend in den 1970er Jahren auch Einzug in weltberühmte Museen. Er hatte seine eigenen Hunde über viele Jahre hinweg immer wieder als Menschen kostümiert und abgelichtet. Die Bilder zeigen die Weimaraner als Rotkäppchen und als gute Fee, als Tankwart und als Brautpaar …

Weimar ist eine Stadt

**Weimar ist, was andere Städte in Thüringen nicht sind. Weimar ist Kultur-
stadt. Doch wer dies im engeren Sinne auslegt, erliegt einem weithin
verbreiteten Klischee. Städtisch wirkt Weimar fast nur im Zentrum.
Jenseits von Frauenplan und Goetheplatz sowie den sie umgebenden
Wohnvierteln wird das Antlitz Weimars vor allem von Dörfern geprägt.**

Die Gemälde haben Namen, die wenig malerisch klingen. „Gaberndorf I" heißt
eines von ihnen, ein anderes nennt sich „Gelmeroda XIII". Dennoch sind diese
Bilder weltberühmt – und sie sorgen seit gut einem Jahrhundert auch dafür,
dass die Welt staunend auf Dörfer rund um Weimar schaut. Immer und immer
wieder hatte der Bauhaus-Meister Lyonel Feininger die kleinen Orte und ihre
Kirchen in seinem unnachahmlichen Stil gezeichnet und gemalt. Dörfer wie
Possendorf und Niedergrunstedt, wie Taubach und Tiefurt.
Damals lagen die meisten dieser Dörfer noch außerhalb der Stadtgrenzen.
Dann aber, zwischen 1922 und 1994, sind sie eingemeindet worden. Mittler-
weile gelten 13 Dörfer offiziell als Ortsteile von Weimar. Das hat Folgen –
sowohl für die Einwohnerschaft als auch für die Geografie der Stadt.
Etwa jeder vierte Weimarer wohnt in einem der zur Stadt gehörenden Dörfer.
Von den 84,5 Quadratkilometern der Weimarer Gesamtfläche ist nahezu die
Hälfte (41 qkm) als landwirtschaftliche Nutzfläche ausgewiesen. Dazu kommen
16,7 Quadratkilometer an Wald.
Auch das im 15. Jahrhundert verwüstete Lützendorf (gelegen am Südhang des
Ettersberges) sowie die Ettersberg-Siedlung gehören zum Stadtgebiet. Beide
sind aber keine eigenständigen Ortsteile.

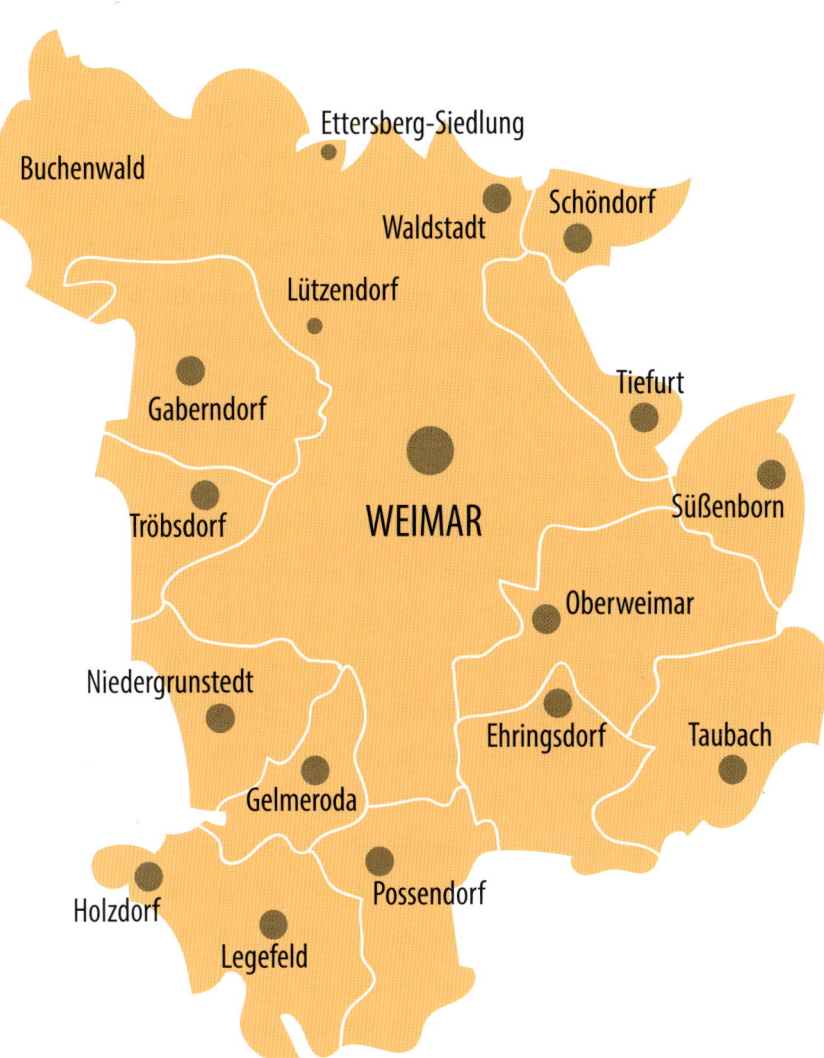

Ettersberg-Siedlung

Buchenwald

Schöndorf

Waldstadt

Lützendorf

Tiefurt

Gaberndorf

WEIMAR

Süßenborn

Tröbsdorf

Oberweimar

Niedergrunstedt

Ehringsdorf

Taubach

Gelmeroda

Holzdorf

Possendorf

Legefeld

Fred Feuerstein in Weimar

Nahe Weimar jagten Neandertaler einst Nashörner und Elefanten. Atemberaubende Funde traten zu Tage. Die Gene dieser Jäger stecken noch immer in uns.

Das Tal der Ilm, vor rund 200 000 Jahren. Weiden und Birken wachsen hier, Traubeneichen und Haselsträucher, Vogelbeere und Wildapfel. Die Landschaft erinnert an einen Park. Es gibt offene Wiesen mit saftigem Gras, einige Tümpel und Quellbäche. Waldelefanten kommen zum Trinken, Waldnashörner und Hirsche. Manchmal streifen Luchse umher, ab und an ein Bär.
Die Idylle ist trügerisch. Neandertaler liegen auf der Lauer. Auf ein Zeichen hin brechen die Jäger aus dem Gebüsch und stechen mit Lanzen auf einen Elefanten ein. Das Tier wehrt sich, es schleudert einen der Urmenschen durch die Luft. Doch der vier Meter große Waldelefant hat keine Chance. Dutzende Male wird er von Stoßlanzen getroffen. Deren Steinspitzen sind scharf wie Skalpelle. Blutüberströmt bricht der Riese zusammen. Sofort beginnen die Neandertaler damit, ihn zu zerlegen. Wenig später brutzelt das erste Steak überm Lagerfeuer. War es wirklich so?
Lassen wir die Fakten sprechen. Fakten, das sind Fossilien von Mensch und Tier, versteinerte Pflanzen sowie zahlreiche Werkzeuge aus Feuerstein. All dies trat dank einer Laune der Natur im Steinbruch von Weimar-Ehringsdorf zutage. Das einstige Jagdrevier der Neandertaler war mit kalkhaltigem Wasser überflutet worden, es fiel trocken und wurde erneut überflutet. Immer mehr Kalkstein lagerte sich ab. Die sogenannten Travertin-Schichten wuchsen Meter um Meter und ganz nebenbei konservierten sie damit das Zeitalter von Fred Feuerstein. Die archäologischen Funde zeichnen ein klares Bild. Wenigstens sieben Mal schlugen Neandertaler an einem Tümpel ihr Lager auf. Gut möglich, dass sich die Jäger abends in Laubhütten oder Zelte zurückzogen. Nachweisen lassen sich solche Bauten zwar nicht mehr. Fest steht jedoch, dass hier die Lagerfeuer brannten. Gleich neben den Holzkohleresten entdeckten Archäologen angekohlte Knochen. Deren versteinerte Reste haben die Jahrtausende ebenso überdauert wie die Fossilien von wenigstens sechs, vielleicht auch neun Urmenschen.

Sind diese Neandertaler bei der Jagd umgekommen? Lediglich im Falle eines Kindes scheint die Todesursache geklärt zu sein. Vermutlich ist es in ein Wasserloch gefallen und ertrunken. Darauf deutet zumindest die besondere Auffinde-Situation seines Skeletts hin.

Die Neandertaler sind längst ausgestorben. Dennoch haben sie und Homo sapiens lange Zeit parallel gelebt; sie hatten sogar Sex miteinander. Rund zwei Prozent unseres heutigen Erbguts gehen auf die ausgestorbenen Verwandten zurück. Das Immunsystem soll davon profitiert haben. Manch Experte meint allerdings auch, dass die Neandertaler-Gene unser Suchtverhalten begünstigen, etwa das Rauchen.

Diese lebensgroße Rekonstruktion aus dem Weimarer Museum für Ur- und Frühgeschichte zeigt eine Neandertalerin beim Zerlegen eines Bibers.
Foto: Peter Michaelis

Neandertaler selbst erleben

Das Museum für Ur- und Frühgeschichte in Weimar widmet den Neandertalern einen Ausstellungsbereich mit Fundstücken aus Ehringsdorf. Geöffnet ist täglich außer montags. Teile des Ehringsdorfer Steinbruchs sind als archäologisches Freigelände hergerichtet worden. Der Platz ist von April bis Oktober frei zugänglich.

Die Waldelefanten von Weimar

Goethe war hellauf begeistert. „So haben wir ganz nahe bei Weimar treffliche fossile Knochen neuerdings entdeckt", hielt er 1819 fest, „mit Resten von Elephanten". Bereits etliche Jahre zuvor hatte sich der Dichter für Fossilien der Dickhäuter zu interessieren begonnen. Vor allem der Aufbau ihrer Schädel begeisterte ihn.

Doch erst im Jahre 2017 gaben in Weimar-Ehringsdorf geborgene Elefanten-Knochen ihr letztes Geheimnis preis. Wissenschaftler des Leipziger Max-Planck-Instituts und der Universität Potsdam haben das Erbgut der Waldelefanten entschlüsseln können. Die vor etwa 100 000 Jahren ausgestorbene Art ist demnach eng mit den afrikanischen Elefanten verwandt. Zuvor war der Waldelefant auf Basis von Analogien der Knochen als naher Verwandter des asiatischen Elefanten eingestuft worden.

Bei den Weimarer Funden handelt es sich um Überreste, die im Umfeld eines einstigen Jagdlagers entdeckt worden sind. Das Überraschende dabei: Die Neandertaler erlegten nicht bevorzugt Kälber, sondern erwachsene Tiere. Ausgewachsene Waldelefanten hatten eine Schulterhöhe von vier Metern. Sie waren damit größer als heutige Elefanten.

Aha

Arbeiten im Landkreis

30 von 1000 Weimarern sind in der Industrie beschäftigt. Dies ist im Vergleich aller Thüringer Landkreise und kreisfreien Städte der zweitniedrigste Wert. Der Durchschnitt liegt bei 79 Beschäftigten je 1000 Einwohner.

24 Industriebetriebe haben mindestens 20 Beschäftigte.

10 Industriebetriebe haben mindestens 50 Beschäftigte.

171.166 Euro je Beschäftigten setzten diese 10 größten Betriebe im Jahr 2017 um.

12.353 Auswärtige pendeln täglich zur Arbeit nach Weimar.

11.308 Weimarer arbeiten außerhalb der Stadt.

2000 Weimarer leben von Arbeitslosengeld II bzw. von Sozialgeld.

Eine Herzensangelegenheit

Kinder können Eltern mitunter zum Verzweifeln bringen, und das einfach nur, indem sie etwas fragen. Zum Beispiel: Warum streckt uns der Weimarer Löwe die Zunge heraus? Wir könnten es mit einem Vergleich versuchen und antworten: Weil es der Löwe im Thüringer Wappen ebenso tut. Doch dann würde uns vermutlich prompt die Frage ereilen, was es mit dessen Zunge auf sich hat … Dabei ist die Antwort durchaus naheliegend. Wenn der König der Tiere seine Zunge derart demonstrativ zeigt, dann gilt dies stets als Symbol seiner Stärke. Heraldiker, also die Experten für Wappen, drücken diese Tatsache natürlich ganz anders aus. Sie sprechen nicht von einer herausgestreckten, sondern von einer ausgeschlagenen Zunge.

Doch woher stammt der Weimarer Löwe überhaupt? Die Spurensuche führt zurück ins Hochmittelalter. Im 11. Jahrhundert fiel die Grafschaft Weimar an die Grafen von Orlamünde (heutiger Saale-Orla-Kreis). Das Orlamünder Wappen zeigt einen Löwen in einem mit 10 roten Herzen übersäten Feld. Spätestens seit dem 14. Jahrhundert führte Weimar das gräfliche Wappenmotiv auch als das der Stadt.

1975 erhielt das Stadtwappen seine heutige Form – mit 14 statt der einst 10 Herzen. Das moderne Stadtwappen von Orlamünde, welches dem Weimarer täuschend ähnlich ist, behielt die 10 Herzen bei.

Apropos Herz. Falls die Kinder irgendwann mal fragen sollten, was all diese Herzen bedeuten, dann können wir munter drauflos über die Liebe und das Leben orakeln – oder aber grundehrlich sein. Nicht mal Heraldiker wissen genau, was Herzen auf Wappen symbolisieren sollen. Vermutlich dienten sie im Mittelalter allein der Verschönerung.

Das Wappen der Orlamünder Grafen wurde von Weimar übernommen. Aus den 10 Herzen wurden 14.

Von Weimar an die Nordsee

Der Name Weimar geht auf zwei uralte Wörter zurück. Die erste Silbe des Stadt-
namens steht für ein Heiligtum, die zweite für einen See oder auch das Meer.
Lag Weimar einmal am Meer?
Nein, natürlich nicht. Jedenfalls nicht seit Menschengedenken. Die Stadt liegt
lediglich an der Ilm. Und dieses Flüsschen ist, nun ja, meist ziemlich seicht.
Manchmal reicht einem das Wasser nicht mal bis an die Knie. Dennoch ist
Weimar dem Meer näher als mancher glauben mag.
Wer die nötige Kondition und Zeit besitzt, könnte sich zum Beispiel auf der Ilm
in ein Kajak setzen und von hier über die Saale und die Elbe bis zur Nordsee
paddeln.
Tatsächlich haben manch Thüringer solche Touren bereits gewagt. Gute zwei
Wochen war zum Beispiel ein Abenteurer aus Erfurt bis Cuxhaven unterwegs.
Dann saß sein Boot plötzlich im Schlick der Nordsee fest – wegen Ebbe. Manch-
mal ist eben auch das große Meer genauso seicht wie die Ilm in Weimar.

Das Welterbe in Weimar

44 Kultur- und Naturstätten in Deutschland gehören zum Welterbe. Dazu zählen einzelne Bauwerke ebenso wie archäologische Fundplätze oder Landschaften. Nirgends ist die Dichte an Welterbe-Stätten so groß wie in Weimar. Allein zum Welterbe „Klassisches Weimar" gehören 12 separate Gebäude und Ensembles. Das „Welterbe Bauhaus" manifestiert sich in 3 weiteren Gebäuden. Dazu kommen zahlreiche Schriften, die in das Register „Memory of the World" aufgenommen worden sind.

Goethes Wohnhaus

Hier lebte der Dichter fast 50 Jahre lang. Das Haus am Frauenplan vermittelt einen authentischen Eindruck vom damaligen Lebensumfeld. Goethes Bibliothek ist ebenso zu sehen wie Teile seiner kunst- und naturwissenschaftlichen Sammlungen. In seinem Schlafgemach steht jener Sessel, in dem er 1832 gestorben ist.

Das Haus geht in einen modernen Anbau über; er spiegelt die Lebensleistung Goethes nach modernem Forschungsstand wider. Beide Häuser bilden das Goethe-Nationalmuseum.

Goethes Gartenhaus

Manch Besucher nennt dieses Haus die berühmteste Laube der Welt. Hier, am Rande des Ilmparks, lebte und arbeitete Goethe von 1776 bis 1782. Die Zimmer wurden wieder im Stil der Zeit hergerichtet. Auch der angrenzende Garten gehört zum Welterbe.

Foto: Mirko Krüger

Herderstätten

Das Wohnhaus Herders, das alte Gymnasium sowie die Stadtkirche St. Peter und Paul bilden ein städtebauliches Ensemble am heutigen Herderplatz. Der Theologe Johann Gottfried Herder war Generalsuperintendent in Weimar von 1776 bis zu seinem Tod 1803. In dieser Funktion stand er zugleich dem Gymnasium vor und war Oberaufseher über alle Schulen des Herzogtums Sachsen-Weimar-Eisenach.
Vor der Kirche, die auch Herderkirche genannt wird, steht sein Denkmal. Der Altar der Kirche stammt von Lucas Cranach dem Jüngeren.

➤ **„Aha: Krimi um Weimarer Cranach-Altar"**

Schillers Wohnhaus

1802 erwarb der Dichter das Haus in der heutigen Schillerstraße; nur drei Jahre später starb er hier. Die Familie bewohnte das Haus bis 1826. Schillers Arbeitszimmer ist weitgehend original erhalten. Auf dem Schreibtisch liegt ein Fragment des „Demetrius", seiner letzten literarischen Arbeit.
An das Wohnhaus grenzt das Schiller-Museum an. Hier zeigt die Klassik Stiftung wechselnde Ausstellungen.

Stadtschloss mit Bastille

Die Residenz der Weimarer Herzöge und Großherzöge ist geprägt vom steten Wandel. Die einstige Wasserburg wurde seit dem 15. Jahrhundert mehrfach um- und ausgebaut. Ihre heutige Gestalt geht maßgeblich auf einen 1789 begonnenen Wiederaufbau zurück. Bereits 15 Jahre zuvor war das Schloss weitgehend abgebrannt. Der Turm sowie der Torbau blieben erhalten; sie bilden die Bastille.
Seit 2018 wird das als Museum genutzte Schloss generalsaniert. Die Wiedereröffnung ist für 2023 geplant.

Foto: Mirko Krüger

Wittumspalais

Das barocke Palais diente Herzogin Anna Amalia als Witwensitz. Nach dem Tod ihres Mannes war sie von 1759 bis zur Volljährigkeit ihres Sohnes (1775) die Regentin von Sachsen-Weimar und Eisenach. Sie ging als Förderin der Künste in die Geschichte ein. Das Palais mit seinen Salons und dem Festsaal ist authentisch eingerichtet. Es befindet sich schräg gegenüber dem Theater.

Park an der Ilm

Der 58 Hektar große Park ist ohne Goethe undenkbar. Er ließ den einstigen Lustgarten nach englischem Vorbild zu einem Landschaftspark umgestalten. Dazu gehörte das Anlegen einer künstlichen Ruine ebenso wie der Bau des Römischen Hauses. Es gehört zu den frühen klassizistischen Bauwerken in Deutschland. Der tempelartige Bau ist inspiriert von Goethes italienischer Reise. Das Haus kann besichtigt werden.

➤ **„Populärer Irrtum: Weimars schönste Ruine ist künstlich"**

Schloss und Park Belvedere

Die barocke Sommerresidenz der Weimarer Herzöge entstand eingangs des 18. Jahrhunderts. Das Schloss beherbergt ein Museum für Kunsthandwerk; es öffnet im Sommerhalbjahr. Die Orangerie steht Besuchern während des Winterhalbjahres offen. Zu dem 43 Hektar großen Park gehören Denkmale, eine Ruine, romantische Brücken und kleine Wasserspiele. Am Rande des Parks befindet sich ein Ehrenfriedhof der Sowjetarmee.

➤ **„Aha: Das Lange Haus"**

Schloss und Park Ettersburg

Das nahe Weimar gelegene Schloss war vor rund 300 Jahren als Jagd- und Sommerresidenz gebaut worden. Berühmt wurde es dank Herzogin Anna Amalia, die sich hier gern mit Literaten und Musikern umgab. Zum Park gehört eine große Schneise namens Pückler-Schlag. Sie erinnert an den großen Landschaftsarchitekten.
Das Schloss dient als Tagungshotel und Veranstaltungsort für ein Kulturfestival zu Pfingsten.

Foto: Mirko Krüger

Historischer Friedhof

Der Friedhof wurde 1818 eröffnet. Hier ruhen zahlreiche Persönlichkeiten des klassischen Weimars sowie des folgenden, silbernen Zeitalters. Mit der Fürstengruft gehört ein Mausoleum zum Friedhof. Sie wurde 1828 eingeweiht und beherbergt die Särge Goethes und Schillers. Der Sarg Schillers ist jedoch leer.

➤ **„Populärer Irrtum: Schiller ruht in der Fürstengruft"**

Schloss und Park Tiefurt

Hier lebte zunächst der jüngere, nicht regierende Sohn von Herzogin Anna Amalia. Später wurde Tiefurt zu ihrem Sommersitz sowie zum Musenhof Weimars. Das im Sommerhalbjahr geöffnete Schloss zeigt zeitgenössische Kunstwerke und Kunsthandwerk. In der Küche sind typische Gerichte aus der Goethe-Zeit zu sehen; sie bestehen aus Wachs und Pappmaché. Der Park ist 21 Hektar groß.

Herzogin Anna Amalia Bibliothek

Das historische Gebäude wurde im Jahre 2004 durch einen Brand schwer beschädigt, kurz vor einer geplanten Sanierung. Tausende Bücher gingen verloren. Drei Jahre später folgte die Wiedereröffnung. Im Zentrum der berühmten Forschungsbibliothek befindet sich der Rokokosaal. Lediglich 70 Einzelbesucher werden pro Tag eingelassen; die Karten dafür sind begehrt.

Memory of the World

Zwei Luther-Titel aus dem Bestand der Herzogin Anna Amalia Bibliothek sind Teil des Registers „Memory of the World": die Lutherbibel von 1534 sowie „Ein Sermon von Ablass und Gnade" von 1518. Auch der handschriftliche Nachlass Goethes wurde in das Dokumentenerbe der Menschheit aufgenommen. Die Manuskripte, Briefe und Tagebücher werden im Goethe- und Schiller-Archiv aufbewahrt. Das Archiv ist öffentlich zugänglich.

➤ **„Extra Aha: „Weimars Buch der Bücher"**

Der Musentempel mit einer
Figur der Kalliope steht seit
1803 im Tiefurter Schlosspark.
Kalliope war eine von Zeus'
Töchtern sowie Schutzgöttin der
Dichtung und Wissenschaft.
Foto: Peter Michaelis

Ehemalige Kunstakademie

Die Großherzoglich-Sächsische Kunstschule bestand von 1860 bis 1910; ihr folgte die Hochschule für Bildende Kunst. Das Schulgebäude entstand zwischen 1904 und 1911 nach Plänen des Jugendstil-Architekten Henry van de Velde. 1919 gründete sich hier das Weimarer Bauhaus. Heute gehört das Gebäude zur Bauhaus-Universität. Es liegt in der Geschwister-Scholl-Straße.

Foto: Mirko Krüger

Haus am Horn

Der Flachbau entstand 1923 als Prototyp des modernen Einfamilienhauses im Rahmen der ersten Bauhaus-Ausstellung. Seit seiner grundhaften Sanierung 1998/99 wird das Haus für Ausstellungen genutzt.

➤ **„Aha: Das welterste Bau-Haus"**

Ehemalige Kunstgewerbeschule

Das Gebäude wurde nach Plänen von Henry van de Velde 1905/06 errichtet. Es beherbergte die Großherzoglich-Sächsische Kunstgewerbeschule und das Privatatelier des Architekten. Die Schule ist ein weiterer Vorläufer des Bauhauses. Der Bauhausmeister Oskar Schlemmer malte das Treppenhaus 1923 aus. Der Wandfries wurde bereits 1930 übertüncht, konnte aber 1979 restauriert werden. Auch dieses Gebäude gehört zur Bauhaus-Universität und befindet sich in der Geschwister-Scholl-Straße.

Das große Cranach-Rätsel

500 Jahre ist es her, dass Lucas Cranach der Ältere zum großen Propagandisten der Reformation wurde. Heerscharen von Historikern und Kunstwissenschaftlern haben sich seither an ihm abgearbeitet. Doch keiner vermochte das ultimative Cranach-Rätsel zu knacken.

Leider kann er selbst nicht dazu beitragen, es zu lösen. Denn es geht, mit Verlaub, um etwas, dass er zeitlebens nie gesehen hat. Es geht um seinen Grabstein. Das Original steht in der Weimarer Herderkirche, während sich auf dem Jakobskirchhof nur eine Kopie befindet. Zu sehr hatten Wind und Wetter hier dem Grabmal zugesetzt, als dass man es weiter verwittern lassen wollte.

Zum Glück können wir noch immer die lateinische Inschrift entziffern. Und das ist sozusagen unser Problem. Denn da steht geschrieben, Cranach war ein „pictor celerrimus". Zu gut Deutsch: ein schneller Maler. Bei einem Künstler, der Luther-Porträts wie am Fließband fertigte, liegt es nahe, ihn als flink zu preisen. Doch könnte der damalige Steinmetz nicht einfach nur zwei Buchstaben vergessen haben? Wollte er nicht „pictor celeberrimus" schreiben – also: gefeierter Maler? Wie soll es heißen: Schnell oder gefeiert?

Eigentlich fällt die Antwort leicht. Beides stimmt.

Das Grabmal lehnt sich an die Jakobskirche an.
Foto: Mirko Krüger

Irrtum

Vater und Sohn, Hand in Hand

**Die Geschichte des bekanntesten Thüringer Altars wird seit einigen
Jahren neu geschrieben – und damit zugleich eine der schönsten Legenden
der Reformation. Über viele Jahrzehnte hieß es, dass Lucas Cranach
der Ältere den Altar der heutigen Herderkirche begonnen habe. Nach
seinem Tod habe der gleichnamige Sohn das Werk vollendet.**

„Die gemeinsame Tätigkeit von Vater und Sohn gehört ins Reich der Anekdoten",
sagt Professor Gunnar Heydenreich. Vielmehr habe der Sohn das Werk allein
ausgeführt, von der Vorzeichnung bis hin zum letzten Pinselstrich. Der Kölner
Kunstexperte hatte das Altargemälde bereits 2010 im Stile eines Kriminalisten
mit Infrarot-Technik untersucht. Dabei machte er die Vorzeichnung unter der
Farbschicht sichtbar. Diese Linien und Schraffuren verglich Heydenreich mit
denen Hunderter anderer Gemälde. Nach eigenem Bekunden bezog er in
diesen Vergleich auch Cranach-Gemälde aus den Kunstsammlungen in Weimar,
Gotha und Eisenach mit ein.

Auf dem Altarbild ist auch Lucas
Cranach der Ältere zu sehen –
zwischen Johannes dem Täufer und
Martin Luther.

„Die Vorzeichnung des Weimarer Altars stammt eindeutig von Cranach dem Jüngeren", ist der Forscher überzeugt. Im Jahre 2014 stellte Heydenreich seine Forschungsergebnisse auf einer Cranach-Tagung in Weimar vor. Bereits im Vorfeld bestätigte die Stiftung Weimarer Klassik, dass eine Zuschreibung des Altarbildes an den Sohn überfällig sei.

Heydenreichs Ergebnisse passen zur Entstehungsgeschichte des Altars. Er wurde 1555 vollendet und damit zwei Jahre nach dem Tod des älteren Cranach. Die Hauptarbeit hatte also, so oder so, beim weniger berühmten Sohn gelegen. Warum kamen Kunstexperten nicht bereits früher der wahren Urheberschaft auf die Schliche? Gut möglich, dass dies vor allem in der Verehrung des Älteren gründet. Er gilt seit dem 19. Jahrhundert als unantastbar. Vielen Kunstfreunden ist er noch immer doppelt so viel wert wie sein Sohn.

Der Altar wurde 2014 aufwendig restauriert.

Fotos: Alexander Volkmanns

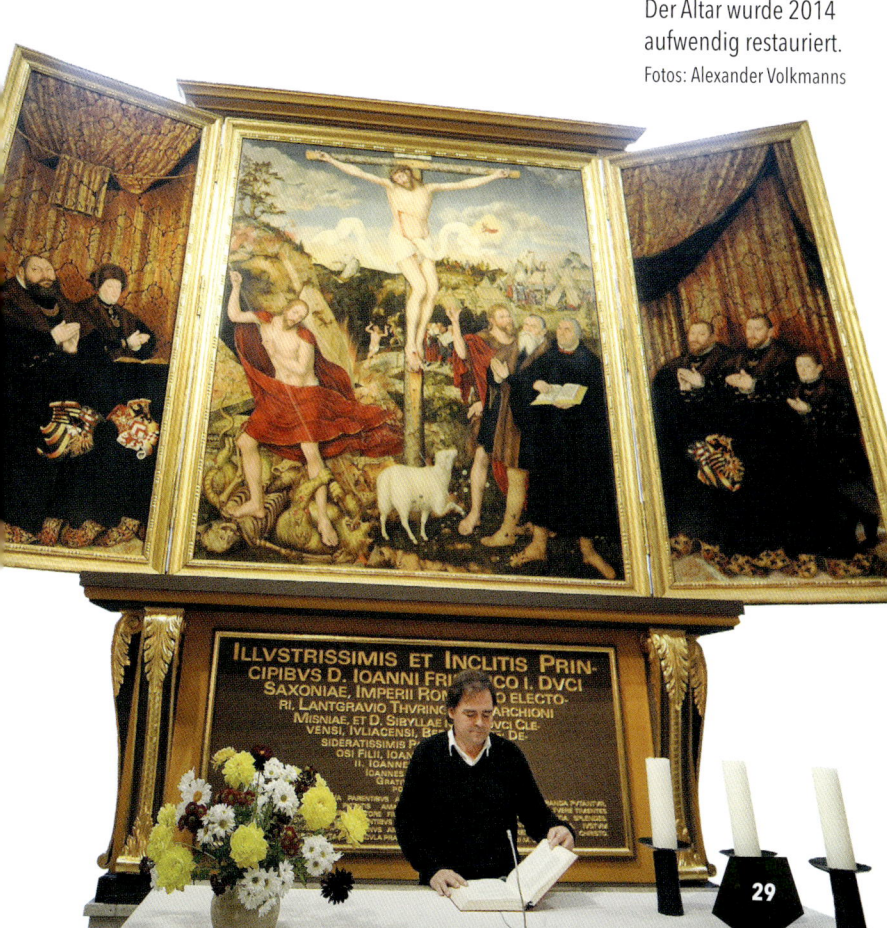

Das Buch der Bücher

Die Herzogin Anna Amalia Bibliothek besitzt eine Prachtausgabe der Luther-Bibel von 1534. Lediglich auserwählte Forscher dürfen die Heilige Schrift zur Hand nehmen – sofern sie ein berechtigtes wissenschaftliches Interesse nachweisen können. Diese Bibel gehört seit 2015 ganz offiziell zum Dokumentenerbe der Menschheit.

Am 4. September 2004, kurz nach 20 Uhr, brach die Katastrophe über das klassische Weimar herein. Die Herzogin Anna Amalia Bibliothek stand lichterloh in Flammen. Retten, was zu retten ist, das war die Devise. Feuerwehrleute und Freiwillige schleppten zahlreiche Bücher ins Freie. Tausende weitere verbrannten und/oder wurden durch Löschwasser schwer beschädigt. Dann, gegen 22 Uhr, ließ die Feuerwehr niemanden mehr in die Bibliothek; der Dachstuhl drohte einzustürzen. In diesem Moment schlug die Stunde des Michael Knoche. Dem damaligen Direktor der Bibliothek wurde schlagartig bewusst, dass sich die Luther-Bibel noch immer im Haus befindet. Er schaffte es, die Einsatzleitung von der Notwendigkeit eines allerletzten Rettungseinsatzes zu überzeugen. Mit einem Feuerwehrmann kämpfte sich Knoche in den Rokokosaal vor. Die Gelegenheit war sozusagen günstig; so retteten die beiden außer der Bibel gleich noch zwei weitere Luther-Ausgaben.
Die „Biblia das ist die gantze Heilige Schrifft Deudsch" war 1534 gedruckt worden. Sie ist die erste in deutscher Sprache gedruckte Vollbibel. Sie vereint das von Luther ins Deutsche übersetzte Neue und Alte Testament in einem Werk. Die seinerzeit gedruckten 3000 Exemplare waren so flugs vergriffen, dass Luther bereits im Folgejahr eine Nachauflage autorisieren musste. Etwa 60 Exemplare der Erstausgabe soll es weltweit noch geben. Doch keine dieser Bibeln ist derart prächtig gestaltet worden wie die Weimarer. 127 kolorierte Holzschnitte aus der Hand sowie aus der Werkstatt von Lucas Cranach schmücken diese Heilige Schrift. Kräftige, satte Töne hat der Illustrator aufgetragen und dabei auch nicht an Gold gespart. Dazu gesellt sich auf etwa jeder zweiten der 1824 Seiten ein hübsches Initial.
Doch wie gelangte die sogenannte Luther-Bibel nach Weimar? Gehörte sie bereits Kurfürst Johann Friedrich, der 1547 seine Bibliothek von Wittenberg, dem Druckort der Bibel, nach Weimar verlegt hatte? Brachte sie eingangs des 18. Jahrhunderts

der aus Wittenberg stammende Bibliothekar Schurzfleisch mit? Oder sollte es gar Goethe gewesen sein, der einen Ankauf, so wie viele andere auch, angeregt hatte? Einzig zwei Stempelabdrücke im Alten und Neuen Testament lassen Rückschlüsse auf die Herkunft zu. Sie weisen die Bände als Eigentum der Großherzoglichen Bibliothek aus, wie sich die Sammlung nach 1815 nannte. Goethe, der 1832 starb, könnte die Luther-Bibel also durchaus gekannt haben. Doch ob der dem Christentum kritisch zugeneigte Geheimrat jemals in diesem Buch der Bücher geblättert hat, man weiß es schlichtweg nicht.

Auch wenn die Luther-Bibel normalerweise in einem Panzerschrank aufbewahrt wird, gibt es die berühmten Ausnahmen. Die Klassik Stiftung stellt ihre Prachtbibel ab und an aus. Wer nicht auf solche seltenen Gelegenheiten warten möchte, kann jederzeit in einer Reprint-Ausgabe blättern. Gemeinsam mit dem sowohl für Kunst- als auch laszive Bildbände bekannten Taschen Verlag hat die Bibliothek einen solchen Nachdruck produziert. Er ist im Buchhandel erhältlich.

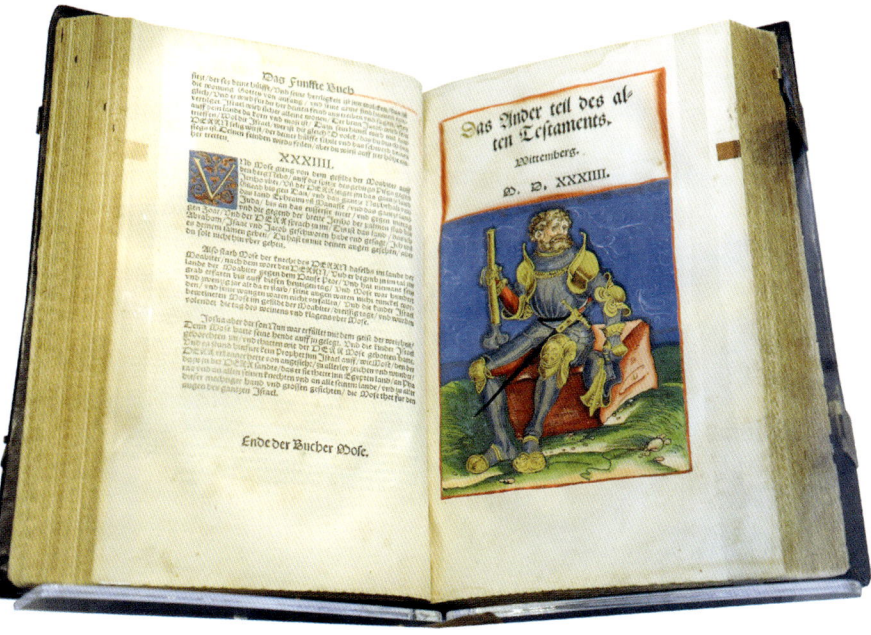

Ein kolorierter Holzschnitt ziert das Titelblatt des Alten Testaments innerhalb der Luther-Bibel.
Foto: Marco Schmidt

Weimarer Gemälde inspirierte Picasso

Sie ist blutjung, sie hat wunderschönes rotes Haar und dazu Augen, ach was, Äugelein sind es, Äugelein voller Unschuld. Ein zarter Kranz von Myrte umspielt ihre Stirn.

Das Porträt der Sibylle von Cleve ist das sinnlichste all der vielen, dauerhaft in Thüringen ausgestellten Cranach-Gemälde. Sie war gerade mal 14 Jahre jung, als Lucas Cranach sie 1526 als Braut porträtierte. Vier Jahrhunderte später feierte das Gemälde seine Wiederauferstehung – nunmehr aus der Hand von Pablo Picasso.

1949 entstand sein „Junges Mädchen nach Cranach". Bei Picasso scheint die 14-Jährige reifer und erwachsener geworden zu sein. Seine Sibylle hat keine Äugelein voller Liebreiz mehr. Sie schaut vielmehr mit betont groß gezeichneten Augen den Betrachter direkt an. Aus der blutjungen Braut ist eine selbstbewusste Frau geworden.

Die Intensität, mit der Picasso das Vor-Bild variiert, stellt unweigerlich die Frage: Wann und bei welcher Gelegenheit hat er das Original kennengelernt? Im Weimarer Schloss, zu dessen Altbestand das Porträt der Sibylle gehört, hat sich Picasso zeitlebens nicht aufgehalten. Könnte er das Bildnis eventuell während einer Ausstellung andernorts gesehen haben?

Eher nicht. Es gab überhaupt nur einen Fall, in dem das Bild in den fraglichen Jahrzehnten Weimar verlassen hatte. Das Porträt war 1937 nach Berlin entliehen worden. Doch auch die dortige Ausstellung hat der avantgardistische Künstler mit großer Wahrscheinlichkeit nicht besucht. Das Jahr 1937 in Deutschland war ausgerechnet jenes Jahr, in dem moderne Künstler als entartet erklärt worden sind.

Dennoch dürfte Picasso eine nachhaltige Begegnung mit Cranach in der Mitte der 1930er Jahre erlebt haben. So veröffentlichte 1936 der Schriftsteller Maurice Raynal einen Cranach-Aufsatz in der surrealistischen Zeitschrift „Minotauro".

Dauerhaft und gegenwärtig sei Cranachs Kunst, schwärmte Raynal. Sie sei „strotzend und fast platzend vor Kraft". Aus wenigstens zwei Gründen ist es wahrscheinlich, dass Picasso diesen Artikel gelesen hat. Zum einen war dessen Autor einer seiner Freunde. Zum anderen aber interessierte sich das Malergenie intensiv für Meister der letzten Jahrhunderte. Er begeisterte sich für El Greco und Velásquez, für Cézanne und Manet, für Cranach den Älteren und Cranach den Jüngeren – und er wilderte in ihrem Werk. Etliche Paraphrasen entstanden. Werke also, die man auch als kreatives Nach-Bild bezeichnen könnte.

Picasso selbst beschrieb seine Motivation so: „Was ist ein Maler im Grunde? Ein Sammler, der sich dadurch eine Sammlung schaffen will, dass er sich die Bilder selber malt, die ihm bei anderen gefallen. So fange ich nämlich an, und dann wird es etwas anderes."

Die Inspiration holte sich Picasso vielerorts. Er sah bedeutende Kunstwerke in großen Museen. Er lernte sie in privaten Sammlungen kennen. Oft ergötzte er sich auch nur an Reproduktionen. Mitunter genügten ihm selbst Kunstpostkarten als Vorlage.

Gut möglich, dass dies im Falle der Sibylle von Cleve ähnlich war. Picasso erhielt in den 1940er Jahren von seinem Kunsthändler einen der Berliner Ausstellungskataloge von 1937. Spätestens da ist ihm Sibylle von Cleve erstmals begegnet.

Sibylle von Cleve, gemalt 1526 von Cranach. Das Gemälde gehört zur Sammlung der Klassik Stiftung Weimar.

Das Goethe-Schiller-Denkmal wurde 1857 eingeweiht. Es steht vor dem Deutschen Nationaltheater. Die benötigte Bronze war recycelt worden. Der Gießer hatte Kanonenrohre der während der Seeschlacht von Navarino (Griechenland) versenkten ägyptisch-türkischen Flotte eingeschmolzen.
Foto: Alexander Volkmann

Aha

Unser aller Playboy

Wer ist exakt 7,5 Zentimeter groß und besitzt sieben bewegliche Körperteile? Ehe Sie sich allzu sehr den Kopf zermartern: Wir meinen natürlich Goethe. Besser gesagt: Wir sprechen von ihm als Playmobil-Figur. Seit dem Jahr 2016 erobert der Dichterfürst auch die Kinderzimmer. Wobei nicht auszuschließen ist, dass die Erwachsenen diese Figur nicht viel lieber auf ihre Schreibtische stellen oder in Bücheregale. Wie auch immer: Der Mini-Goethe mauserte sich alsbald zu einem der begehrtesten Weimar-Souvenirs.

Die überhaupt ersten Playmobil-Figuren entstanden 1972; damals war Goethe bereits 140 Jahre tot. Aber immerhin: Der Erfinder von Playmobil ist ein Thüringer, der nach dem Westen abgehauen war. Goethe kannte diese Grenzgänge zur Genüge. Nur dass es bei ihm umgekehrt geschah. Er zog von Hessen aus nach Weimar. Seither begegnen wir ihm hier auf Schritt und Tritt. Wir haben ihn auf einen Denkmalsockel gestellt. Wir knipsen Leuchten an, die seinem Kopf nachgebildet sind. Wir naschen Goethe-Schokolade. Wir backen Kuchen in Goethe-Formen.

Ja, es soll sogar Weimarer geben, die sich ab und an seinen „Faust" im Theater ansehen. Inzwischen aber, dank Playmobil, erreicht die Verehrung des Dichters neue Höhen. Das Thüringer Wirtschaftsministerium hat mit der kleinen Figur jedenfalls ziemlich Großes vor. Der Mini-Goethe ist erklärtermaßen als Botschafter für den Freistaat unterwegs. Wohlan, freunden wir uns also mit dem Gedanken an, dass Goethe nicht nur unser aller Dichter und Denker ist – sondern auch unser aller Playboy.

Foto: Mirko Krüger

Populärer

Irrtum

Weimar empfing Goethe mit offenen Armen

Für Weimar ist Goethe der Inbegriff des Glücksfalls. Dem Dichter verdankt die Stadt ihre Weltgeltung. Wie aber war das damals, anno 1775, als der junge Dichter hierher zog?

Goethe und Weimar – alles beginnt im Herbst 1775 in Hessen. Carl August, der junge Weimarer Herzog, ist erst wenige Tage zuvor 18 Jahre alt geworden. Er reist zu seiner Braut nach Darmstadt. Er erlaubt sich zuvor noch einen Zwischenstopp in Frankfurt am Main. Carl August trifft den Dichter, er lädt ihn nach Weimar ein. Wenige Tage später, inzwischen ist der Regent vermählt, erneuert er die Bitte. Goethe stimmt zu. „Da wirds doch wieder allerley guts und ganzes und halbes geben", lässt er einen Jugendfreund wissen.

Das Kalkül des erst 26 Jahre alten Goethes scheint klar: Er hofft auf eine auskömmliche Stellung. Zudem, so heißt es in einem anderen Brief, „will ich sehn obs möglich ist mit Wieland auszukommen". Gemeint ist der Erzieher des Herzogs, der Dichter Christoph Martin Wieland. Ihn hatte Goethe kurz zuvor noch mit derben Ausdrücken bedacht. Und der blutjunge Herzog? Er, der von ebendiesem Wieland im Sinne der Aufklärung erzogen worden ist, wünscht sich einen großen Denker an seine Seite. Einen Freund, einen Berater, einen werdenden Staatsmann.

Soweit die weithin bekannte Geschichte, in der Goethe am Morgen des 7. November 1775 in Weimar eintrifft. Doch schon bald naht neben allen damit verbundenen Freuden auch die große Ernüchterung. Goethe sieht sich mit einer mächtigen Seilschaft konfrontiert.

Im Januar 1776 schreibt er an den Theologen Herder: „Lieber Bruder, wir habens von jeher mit den Scheiskerlen verdorben, und die Scheiskerle sizzen überall auf dem Fasse. Der Herzog will und wünscht dich, aber alles hier ist gegen dich." Die Scheißkerle, das sind die Weimarer Beamten. Sie haben teils seit Jahrzehnten ihre Ämter inne; sie regeln Karrieren allzu gern nach eigenem Gusto. Sie haben etwas dagegen, dass Herder, wie von Goethe gewünscht, Generalsuperintendent in Weimar wird.

Es vergeht nur ein Vierteljahr, da steht plötzlich Goethes eigener Kopf zur Disposition. Auslöser ist Herzog Carl August. Er ist unerfahren im politischen Geschäft. Trotzdem – oder gerade deshalb – möchte er im April 1776 Goethe ins Geheime Consilium berufen. Damit würde der Dichter ins Zentrum der Macht aufsteigen.

Doch Premier Fritsch lehnt dieses Ansinnen aufs Schärfste ab. Er bittet sogar um seinen Abschied, da er „in einem Collegio dessen Mitglied gedachter D. Goethe anjetzt werden soll, länger nicht sizzen" könne. Jakob Friedrich von Fritsch macht wenig Hehl daraus, dass er dem vermeintlich unerfahrenen Dichter eines der höchsten Ämter im Staate nicht zutraut. Zudem lässt er den Herzog wissen, dass Goethes Berufung ein Affront sei für alle „Ihro treuen und verdienten Diener, so auf dergleichen Stelle Anspruch" machen könnten.

Dass der Geheime Rat Fritsch sehr wohl um die Befindlichkeiten dieser treuen und verdienten Diener wusste, besser vermutlich, als jeder andere in Weimar, steht außer Zweifel. Fritsch hatte nicht nur das höchste Amt im Staate inne, sondern stand zugleich der Loge „Amalia zu den drei Rosen" vor. Zumeist hohe und mittlere Beamte hatten sich als Freimaurer zusammengefunden und die Loge als ein im Verborgenen wirkendes Karriere-Netzwerk instrumentalisiert.

Indes vermögen weder Fritsch noch seine Logenbrüder den politischen Höhenflug Goethes zu bremsen. Carl August bringt geschickt seine Mutter Anna Amalia als Fürsprecherin ins Spiel. Fritsch ist Anna Amalia, der Namensstifterin der Loge, treu ergeben. So gibt er nach einer acht Wochen andauernden Bataille klein bei. Goethe wird daraufhin im Juni 1776 als Geheimer Legationsrat vereidigt.

Vier Jahre später tritt er selbst der Freimaurer-Loge bei. Spätestens jetzt war der Dichter allseits in Weimar angekommen.

Wir spielen Blinde Kuh

Goethe und Schiller stehen nicht einfach nur auf einem Denkmalsockel vor dem Deutschen Nationaltheater. Ab und an agitieren sie auch – natürlich ungefragt. Künstler, Politiker und normale Bürger vereinnahmen die beiden Dichter immer wieder gern.

1989 Zur Wende-Demo am 19. November halten Goethe und Schiller ein handgemaltes Plakat in Händen. „Wir bleiben hier" steht darauf. In den vorherigen Wochen waren Tausende DDR-Bürger von Ost- nach Westdeutschland ausgereist. Beide Dichter gingen einst den umgekehrten Weg, sie kamen aus Hessen und Württemberg.

1999 Während des Kulturstadtjahres mauert Matthias Rietschel, Ururenkel des Denkmalschöpfers Ernst Rietschel, die Dichter für einen Tag ein. Er platziert mehrere Fernseher vor dem Denkmal. Damit möchte er dem Weimarer Geist die gegenwärtige Welt entgegensetzen.

2005 Die Videoüberwachung öffentlicher Plätze sorgt seit Jahren für Streit in der Landespolitik. Nun soll sie ausgeweitet werden. Goethe und Schiller tragen plötzlich Augenbinden. Die Botschaft lautet: „Wir haben schon zu viel mit angesehen".

2009 Eine Liszt-Plastik gesellt sich zu Schiller und Goethe. Der Komponist umarmt die Dichter. Bauhaus-Studenten machen so auf das Kunstfest „Pèlerinages" (Pilgerfahrt) aufmerksam.

2009 Unter dem Motto „Volksgesetzgebung – jetzt!" hängen Aktivisten den Dichtern ein „Weimarer Memorandum" um und drücken ihnen rote Nelken in die Hände. Die Aktion erinnert an den 20. Jahrestag der friedlichen Revolution und fordert den Bundestag auf, sich zu Volksentscheiden zu bekennen.

2011 Der ICE soll künftig nicht mehr in Weimar halten. In der Stadt gibt es vielfältige Proteste. Goethe und Schiller werden mit Planen verhüllt.

2012 Wieder kommen Augenbinden zum Einsatz. Der griechische Künstler Paris Legakis nennt seine Aktion „Blind Man's Buff" (Blinde Kuh). Er fragt danach, welche Sicht wir auf die Welt und auf uns selbst haben.

Das Ensemble von „Reineke Fuchs" posiert 2014 vor dem Denkmal. Die Köpfe von Goethe und Schiller stecken in Tüten.

Foto: Marco Kneise

2012 Die Dichter werden verarztet. Schiller erhält einen Halswickel. Goethes linkes Bein wird bandagiert. Krankenpflegerinnen des Sophien- und Hufeland-Klinikums versinnbild- lichen, unter welchen Krankheiten die Menschen des klassischen Weimars gelitten haben.

2014 Rund um das Denkmal findet das Sommertheater-Projekt „Reineke Fuchs" statt. Goethe und Schiller werden Papiertüten mit aufgemalten Smileys übergestülpt.

Ausgebrannt vom Weimarer Alltag

Was hat eine angebliche Volkskrankheit des 21. Jahrhunderts mit Goethe zu tun? Was verbindet den bekanntesten deutschen Dichter mit dem Burnout-Syndrom? Nichts? Oder doch ziemlich viel?

Weimar, im Herbst des Jahres 1786. Bei Hofe gehen irritierende Nachrichten ein. Geheimrat Goethe, den man eigentlich als Kurgast in Karlsbad wähnt, soll sich mit unbekanntem Ziel abgesetzt haben.
„Wo ich bin verschweig ich noch eine kleine Zeit", schreibt er dem Herzog. Auch Charlotte von Stein erhält ein Lebenszeichen. „Ich will fort und sage auch dir noch einmal Adieu! Lebe wohl du süses Herz!" Selbst ihr möchte Goethe nicht „sagen wo ich sey".
Er ist auf der Flucht. Auf der Flucht vor Weimar. Auf der Flucht vor dem mausgrauen Alltag eines Geheimrats.

Dass Goethe ausgebrannt und ausgezehrt gen Süden aufbrach, aber auch voll Hoffnung, wusste man zwar längst. Doch wie sehr das sogenannte Universalgenie von seinen Thüringer Geschäften ernüchtert, ja, desillusioniert gewesen sein muss, das macht erst ein neuzeitliches Forschungsprojekt exemplarisch deutlich.
Mehr als 20.000 Geschäftsvorfälle aus Politik und Verwaltung haben Historiker und Archivare ausgewertet. 20.000 Akten, die binnen zehn Jahren größtenteils durch Goethes Hände und seinen Kopf gegangen sind. 20.000 Akten, die ihn tagein, tagaus von dem abgehalten haben, für das wir ihn vor allem schätzen: vom Dichten.

Bereits am Tage seiner Vereidigung als Geheimrat im Jahre 1776 hat Goethe über die Berufung eines Mundkochs zu befinden. Außerdem bittet die Witwe eines Hauptmanns um eine Pension. Eine Kollekte musste abgesegnet werden.

Holzdiebstähle werden angezeigt. Ein Fahnenjunker sähe sich gern befördert.

Es geht um unmündige Söhne und um einen außerehelichen Pflegesohn. Untertanen bitten nach einem Hagelschaden um den Erlass von Abgaben …

So wird Angelegenheit um Angelegenheit aus dem umjubelten Autor des „Werther" ein Beamter. Seine vornehmste Aufgabe ist es nun, Akten zu studieren und seinem Herzog Entscheidungen abzunehmen. Im Mittel-

punkt der tagelangen Sitzungen des Geheimen Consiliums stehen nicht solche spektakulären Fälle wie die Bitte einer Kindsmörderin um Begnadigung. Vielmehr beraten die Geheimräte vor allem jene bürokratischen Vorgänge, die ein Fürstentum zusammenhalten. Selbst Steuerfälle werden geregelt.

„Da heute Conseil ist und ich es nie ohne die höchste Noth versäumt habe, entschliese ich mich hinein zu gehen", schreibt er 1783 an Charlotte von Stein. Ein gutes Jahr später spricht er von einer Last und einer „wunderlichen Aufgabe".

Dann, nach 10 Jahren im Consilium, hat Goethe die Nase voll. Der Dichter will nur noch weg, weg aus Weimar. Er flieht gen Italien. Erst zwei Jahre später wird der Geheimrat wieder heimkehren.

Populärer Irrtum

Der Pop-Titan der Klassik hieß Goethe

Kein Theaterstück ist in Deutschland derart bekannt wie Goethes „Faust". 1819 wurden erste Szenen aufgeführt, längst gehört der „Faust" zu den meistbesuchten wie meistzitierten Dramen. Viele Menschen meinen, der Zuspruch müsse bereits zu Goethes Zeiten enorm gewesen sein. Doch stimmt dies überhaupt?

Obwohl Goethe bereits um 1770 am „Faust" gearbeitet hatte, ging „Faust. Eine Tragödie" erst 1808 in Druck. Es sollte ein weiteres Jahrzehnt dauern, ehe erstmals Szenen aufgeführt wurden – in Berlin. Die eigentliche Uraufführung erfolgte sogar erst am 29. Januar 1829 in Braunschweig. Im gleichen Jahr wurde Goethe 80 Jahre alt. Ihm zu Ehren setzte das Weimarer Hoftheater am Tag nach dem Geburtstag den „Faust" auf den Spielplan. Doch Goethe blieb der Premiere fern. „Abends allein. Aufführung von Faust im Theater", heißt es lapidar in Goethes Tagebuch.
Tatsächlich galt der „Faust" zu Lebzeiten seines Autoren als nahezu unspielbar. Wer seinerzeit ins Theater strömte, der wollte weit eher die Werke eines anderen Weimarer Dichters erleben, die von August von Kotzebue. Seine Lust- und Schauspiele wurden weit häufiger an deutschen Theatern gegeben als die aller anderen Autoren. Selbst Goethe und Schiller kamen an der Stätte ihres Wirkens, in Weimar also, nicht mal annähernd an Kotzebues Erfolg heran.
Während Goethes 26 Jahren als Direktor des Weimarer Theaters kamen immerhin 87 Kotzebue-Stücke zur Aufführung, aber nur 18 von Schiller und 19 von Goethe. Angesichts von Kotzebues Erfolg führte Goethe die so neumodisch klingende Silbe Pop im Mund, er bescheinigte Kotzebue „populare Talente". Er war, um es auf Neudeutsch zu sagen, so etwas wie der Dieter Bohlen der Klassik, ein Pop-Titan also. Zu

Kotzebue war der erfolgreichste Theater-Autor zu Zeiten der Weimarer Klassik. Diese Abbildung entstammt einem zeitgenössischen Theaterzettel.

den besonderen Stärken Kotzebues rechnete Goethe, dass dieser „das Sentimentale in seiner Gewalt hat: die Zwiebel, mit welcher man den Leuten das Wasser in die Augen lockt, weiß er zu gebrauchen wie wenige."

Mit Beethoven, Salieri und Schubert schrieben berühmte Komponisten die Musik zu einzelnen Stücken bzw. Libretti des 1761 in Weimar geborenen Kotzebue. Er wurde 1819 in Mannheim ermordet; dort befindet sich auch sein Grab. Kotzebues Stücke werden, falls überhaupt, nur noch auf kleinen Bühnen gegeben. Ganz anders der „Faust" …

Aha

Goethes Lieblingsbaum

Immer und immer wieder bleiben Weimar-Besucher verzückt hinter der Musikhochschule stehen. Auch viele Kutscher legen einen Stopp ein. Dies liegt nicht allein an den Klängen, die nach draußen klingen, sondern vor allem an einem stattlichen Baum im angrenzenden Garten. Dieser Ginkgo steht hier seit Goethes Zeiten. Vermutlich 1815 wurde er auf des Dichters Wunsch gepflanzt.

Goethe hatte sich nicht nur botanisch für die aus China stammenden Bäume interessiert. In einem ebenfalls 1815 entstandenen Gedicht beschwor er „dieses Baums Blatt, der von Osten meinem Garten anvertraut" als Sinnbild der Freundschaft. Er spielt darauf an, dass das Ginkgo-Blatt scheinbar aus zwei Teilblättern besteht. „Fühlst du nicht an meinen Liedern, daß ich Eins und doppelt bin?"

Diese Zeilen widmete er Marianne von Willemer. Goethe und die Schauspielerin hatten sich im August 1814 während des Dichters „Reise in die Rhein und Mayn Gegenden" kennen- und liebengelernt. Doch beide waren verheiratet und so blieb es der Überlieferung nach allein beim Schwärmen.

Beseelt von seiner neuen Muse brachte der Dichter 1819 die Gedichtsammlung „West-östlicher Divan" heraus. Dessen Herzstück bildet das „Buch Suleika". Die Gedichte schildern die entsagungsvolle Liebe zwischen Suleika (Willemer) und einem gewissen Hatem. „Du beschämst wie Morgenröte / Jener Gipfel ernste Wand, / Und noch einmal fühlet Hatem / Frühlingshauch und Sommerbrand", reimt der Dichter und gibt sich damit augenzwinkernd zu erkennen. Auf Morgenröte reimt sich nun mal nicht Hatem – sondern Goethe.

Dass Goethe in den „Divan" auch Gedichte aufgenommen hatte, die aus Marianne Willemers Feder stammten, wurde erst nach seinem Tod (1832) bekannt.

Goethes Ginkgo steht im Stadtzentrum, gleich hinter der Musikhochschule.
Fotos: Mirko Krüger

Aha EXTRA

Thüringens berühmteste Mörderin

Das Straßenverzeichnis von Weimar listet zwar eine Straße namens Galgenberg auf. Doch vor Ort, gleich neben einer Tankstelle an der Erfurter Straße, sucht man vergebens nach einem Straßenschild.

Fündig wird der Spaziergänger dennoch, sofern er auf die andere Seite des Berges läuft. Hier befindet sich die Kleingartenanlage „Am Galgenberg" – nebst großem Namensschild. Zu denen, die diesen Boden mit ihrem Blut gedüngt haben, gehört die vielleicht berühmteste Mörderin Thüringens. Johanna Catharina Höhn wurde 1783 auf dem Galgenberg enthauptet. Obwohl der Fall bereits damals kontrovers diskutiert worden ist, erlangte er erst 1932 deutschlandweit große Aufmerksamkeit. Ausgerechnet in einer Gedenkrede anlässlich Goethes 100. Todestags wies Thomas Mann auf die seiner Meinung nach erschütternde Rolle des Dichterfürsten in dem Kriminalprozess hin. Während zahlreiche aufklärerische Geister und auch Herzog Carl August dafür plädierten, das Strafrecht zu reformieren, sprach sich Goethe als Geheimrat dafür aus, „die Todtesstrafe beyzubehalten". Sein Votum hat die Zeitläufe überdauert; es befindet sich im Weimarer Hauptstaatsarchiv.

Der Weimarer Galgenberg liegt am Stadtrand, direkt neben der Erfurter Straße. Eine kleine, abzweigende Straße trägt sogar den Namen „Galgenberg".

Johanna Catharina Höhn wurde 1783 vor dem Erfurter Tor, auf dem Weimarer Galgenberg enthauptet. Hier befinden sich mittlerweile Kleingärten.

Goethes Ja zur Todesstrafe ist aus dem Geist der Zeit heraus durchaus nachvollziehbar. Aber es scheint zugleich diametral zu jenem Mitgefühl zu stehen, mit dem der Dichter im „Faust" die berühmteste Kindsmörderin der Literaturgeschichte – das Gretchen – dargestellt hatte.

Das blutjunge Mädchen war von Faust verführt worden. Während ihrer unehelichen Schwangerschaft muss sie miterleben, wie Nachbarn über eine ledige Mutter herziehen. Gretchen tötet schließlich ihr Neugeborenes und soll deshalb enthauptet werden. Als Faust sie im Kerker besucht, erlebt er sie als reuige Sünderin. Mephisto kommentiert diesen Moment spöttisch: „Sie ist gerichtet!" Daraufhin ertönt aus dem Himmel eine Stimme: „Ist gerettet!"

Johanna Catharina Höhn hatte ihren Sohn unmittelbar nach der Geburt mit drei Messerstichen in den Hals getötet. Das Motiv lag auf der Hand. Da sie unverheiratet war, musste sie befürchten, dass sie und ihr in Unehren entstandenes Kind öffentlich geächtet werden.

Über das Leben der Kindsmörderin ist nur wenig überliefert. Sie war 1759 in Tannroda geboren worden. Ihre Mutter starb drei Jahre später; der Vater heiratete erneut, wurde wieder Witwer und ging eine dritte Ehe ein. Im Jahr der Tat war Johanna Catharina Höhn als Magd in der Weimarer Niedermühle (die spätere Karlsmühle im Brühl) beschäftigt. Noch wenige Tage vor der Geburt soll sie der Müllerin besorgt ihren Bauch gezeigt haben. Jedoch habe sie bestritten, „zwei zu füttern, wenn sie ißt und trinkt." War dies eine Schutzbehauptung? Oder war die Magd wirklich so naiv?

Die von Thomas Mann 1932 befeuerte Debatte flammte im Kulturstadtjahr 1999 erneut in aller Heftigkeit auf. Zahlreiche Germanisten und Historiker diskutierten Goethes Rolle.

Unweit des Galgenbergs findet sich der um 1600 entstandene Heinrichtisch. Er ist ein Symbol der einstigen Gerichtsbarkeit.
Fotos: Mirko Krüger

Einfach mal innehalten

Zwei mächtige, steinerne Stühle stehen sich seit dem Jahr 2000 am Beethoven-platz gegenüber. Passanten fragen sich immer wieder: Darf man sich eigentlich darauf setzen? Ist dies vielleicht ein Platz, um mit dem Ilmpark im Hintergrund ein Erinnerungsfoto zu schießen? Oder sind die Stühle doch zu mehr bestimmt?
Auch wenn man alle drei Fragen vorbehaltlos bejahen kann, führt die Suche nach den wahren Antworten zurück bis ins Jahr 1813. Kaum ist die Völkerschlacht bei Leipzig geschlagen, ziehen auch schon Heerscharen von Befreiern in Weimar ein. Goethe vermag ausgerechnet dem Aufenthalt des fremdländischsten aller Truppen-teile – den Tataren – Gutes abzugewinnen. Als er erfährt, „daß in dem Hörsaale unseres protestantischen Gymnasiums mahometanischer Gottesdienst werde gehalten", eilt der Geheimrat schnurstracks dorthin.
Für Goethe, der bereits anno 1773 ein Preislied für Mahomet verfasst und später immer wieder die morgenländische Kultur studiert hatte, geht damit ein langge-hegter Wunsch in Erfüllung. Erstmals in seinem Leben erlebt er, wie die „Suren des Corans hergemurmelt" werden. Er saugt die Eindrücke in sich auf, berichtet Tage später euphorisch, dass er der „baschkirischen Andacht beygewohnt, ihren Mulla geschaut, und ihren Prinzen im Theater bewillkommt" habe. Der Tatarenfürst bedankt sich artig, überreicht dem Dichter einen Bogen und Pfeile.
Tatsächlich ist Goethe getroffen – mitten ins Herz. Voller Neugierde stürzt er sich in den folgenden Monaten auf orientalische Literatur. Als er schließlich den Divan (Liedersammlung) des persischen Lyrikers Hafis in den Händen hält, ist Goethe geradezu verzückt: „In deine Reimart hoff' ich mich zu finden." Ja, er spricht von sich und dem bereits 1389 verstorbenen Perser sogar als Zwillingen. Nichts anderes hatte Goethe aus Hafis' leicht hinfließenden Liedern herausgelesen als einen Appell an die Macht der Poesie. Sie allein, sie, die Liebe, ist es, die die Welt zusammenhält. Binnen kürzester Zeit reift in Goethe der Gedanke an einen eige-nen Divan. Die ersten Gedichte entstehen im Frühsommer 1814, fünf Jahre später erscheint die Sammlung „West-östlicher Divan".

Das Goethe-Hafis-Denkmal wurde im Jahr 2000 eingeweiht.
Foto: Mirko Krüger

Erstmals in seinem Schaffen sieht sich Goethe veranlasst, dem besseren Verständnis per Nachwort auf die Sprünge zu helfen. Das ist noch dazu dicker als der eigentliche Gedichtteil. In diesen Noten setzt sich Goethe kritisch mit dem Koran und der orientalischen Dichtkunst auseinander. Er stellt beider Bedeutsamkeit für das Abendland dar. Er fordert seine Leser auf, morgenländische Gesinnungen zu teilen und Sitten aufzunehmen. Schon in einer Vorankündigung hatte sich der Dichterfürst in ähnlicher Euphorie geübt. Er lehne den Verdacht nicht ab, dass er selbst ein Muselman sei. War Goethe konvertiert? Nein, das nicht. Aber der deutsche Nationaldichter entwickelte eine große Affinität zum Islam. Hauptpunkte der islamischen Lehre stimmten mit seinen philosophischen Überzeugungen überein. Dazu gehört das Abweisen von Wundern und die Auffassung, dass sich Gott in der Natur offenbare. Zugleich schätzte Goethe die heitere Diesseitigkeit des Islam, während ihm christliche Verdrossenheit zuwider war.

Ganz in diesem Sinne sind die beiden Stühle vom Beethovenplatz zu verstehen. Es handelt sich schlichtweg um ein Denkmal, das Goethes Begeisterung für den persischen Dichter Hafis aufgreift. Doch was hat dies mit Stühlen zu tun? Ganz einfach: Sie harren tagein, tagaus auf einander fremde Menschen. Werden sie sich setzen, werden sie miteinander sprechen? Werden sie erkennen, dass es mehr im Leben gibt als das eigene Ich?

Populärer
Irrtum

Schiller ruht in der Fürstengruft

Nirgends sonst kann man Goethe und Schiller so nahe sein wie in der Fürstengruft. Eine Treppe führt hinab zum Allerheiligsten der Weimarer Klassik, zu den Sarkophagen der Dichterfürsten. Im Sarg Goethes liegt Goethe. Und in dem von Schiller?

In Schillers Sarg ruht niemand. Besser gesagt: niemand mehr. Noch besser gesagt: Mittlerweile steht in der Gruft auch kein zweiter Sarg mehr, der angebliche Schiller-Gebeine enthält.

Bis zum Jahre 2006 war dem Dichter die makabre Ehre zuteil geworden, dass in der Gruft ganz offiziell zwei Schiller-Schädel ruhten. Mittlerweile wissen wir: Weder der eine noch der andere Kopf hat je auf Schillers Schultern gesteckt.

Die Geschichte der falschen Schiller-Schädel ist eine typisch deutsche Geschichte. Sie ist eine Geschichte, wie sie sich eigentlich nur in einer Stadt wie Weimar zutragen konnte. Sie steckt voller Irrungen und Wirrungen, voller Glorifizierungen, voller falscher Hoffnungen. Sie ist eine Geschichte, die erst 200 Jahre nach Schillers Tod mit kriminalistischen Methoden aufgeklärt wurde. Und dennoch bleibt am Ende die alles entscheidende Fragen unbeantwortet …

Es ist eine Geschichte, die danach verlangt, von Anbeginn erzählt zu werden. Im Jahr 1805 stirbt Friedrich Schiller in Weimar. Quasi unter Ausschluss der Öffent-

lichkeit zieht der Leichenzug zum Jakobskirchhof. Dort lässt man Schillers billigen Sarg in das Kassengewölbe hinab, in ein Massengrab für Honoratioren. Als 1826 das Gewölbe dauerhaft geschlossen werden soll, setzt sich Weimars Bürgermeister Carl Leberecht Schwabe für eine Umbettung Schillers in ein Einzelgrab ein.

Doch der Bürgermeister sieht sich mit den Realitäten eines Massengrabs konfrontiert. Neben Schiller haben viele weitere Verstorbene ihre letzte Ruhe im Kassengewölbe gefunden. Um Platz zu schaffen, hatte der Totengräber etliche Särge zertrümmert und herausfallende Gebeine zusammengekehrt. In diesem Chaos gelangt Schwabe zur traurigen Überzeugung, dass es unmöglich ist, Gewissheit darüber zu erlangen, welches die irdischen Überreste Schillers sind. Weil er seine Nachforschungen dennoch nicht ergebnislos abbrechen will, birgt er 23 Schädel sowie einen Unterkiefer. Einer dieser Köpfe muss der von Schiller sein. Aber welcher?

Er bittet drei Ärzte um ihr Gutachten. Deren Wahl fällt auf den einen, durch die Kinnlade komplettierten Totenkopf. 1827 wird dieser Schädel in die neu errichtete Fürstengruft umgebettet.

Von da an sollte es fünf Jahrzehnte dauern, ehe erstmals öffentlich Zweifel an der Echtheit von Schillers sterblichen Überresten geäußert werden. Doch erst 1911 begibt sich ein anderer Anatom neuerlich auf die Suche.

August von Froriep gräbt auf dem Jakobskirchhof sage und schreibe 63 Totenköpfe aus. Wie kaum anders zu erwarten, erklärt er einen seiner Funde zum wahren Schiller-Schädel. Das Weimarer Fürstenhaus verkündet daraufhin einen salomonischen Beschluss. Der Froriep-Schädel soll ebenfalls in der Fürstengruft beigesetzt werden. Im Jahre 2006 stimmt die Klassik Stiftung zu, beide Schädel genetisch untersuchen zu lassen. Schließlich stellt sich heraus: Keiner der beiden Totenköpfe gehört zu Schiller. Die vermeintlichen Gebeine des Dichters ruhen seitdem nicht mehr in der Fürstengruft. Die Verehrung für Schiller mache sich nun mal nicht an Reliquien fest, heißt es zur Begründung.

Die beiden Dichtersärge stehen in der Weimarer Fürstengruft. Schillers Sarkophag ist leer.
Foto: Alexander Volkmann

Frankenstein und Goethe

Im Jahre 1818 erschien die Erstausgabe von „Frankenstein". Der Roman von Mary Shelley gilt bis heute als Inbegriff der Gruselgeschichte. Nahezu unbekannt ist indes, dass die Engländerin auch die Weimarer Klassik literarisch verarbeitet hat.

Im Sommer des Jahres 1842 unternimmt die Schriftstellerin eine Bildungsreise durch Deutschland. In Thüringen ist Mary Shelley auf Luthers Spuren unterwegs. Sie sucht auf der Wartburg nach jenem legendären Fleck, den der Reformator beim Wurf eines Tintenfasses nach dem Teufel verursacht haben soll. Weiter geht's nach Erfurt; das Pilgern ins Augustinerkloster erledigt sie „pflichtschuldigst" am 22. Juli 1842. „Luthers Zelle ist erhalten, als würde er in ihr leben."
Dann aber, auf der Weiterreise nach Weimar, „verlor die Landschaft all ihre Schönheit – endlose, unbegrenzte Flächen Ackerland breiteten sich rundherum aus". Nicht mal das Grün der Weimarer Parks vermag die Schriftstellerin zu entzücken. „Ich bedauerte die Dichter, deren Schicksal es war, hier zu leben. Denn so erfreulich königliche Parks und Gärten sein mögen, sie sind lediglich ein armseliger Ersatz für die freie und edle Schönheit der Natur."
Zwar bleibt der Engländerin der Besuch des Goethe-Hauses verwehrt. Immerhin aber verweilt sie im Schloss, in dem je ein Zimmer zu Ehren von Wieland, Schiller und Goethe ausgestaltet worden ist. „Schiller erschien mir stets der bedeutendere Mann zu sein, er ist kompletter", hält sie fest. „Die herausragende Qualität Goethes ist sein Einblick in die geheimen Tiefen des menschlichen Denkens und Fühlens. Aber es fehlt ihm an Vollständigkeit, und nie erschafft er ein Ganzes."
Am 22. Juli 1842 notiert sie: „Wir sahen die Särge der Dichter in der dunklen Gruft." Gemeint ist die Fürstengruft auf dem Historischen Friedhof. „Die Särge strahlen eine wundervolle Verachtung für das materielle Leben aus." Vor allem die körperliche Nähe von Dichterfürsten und regierenden Fürsten beeindruckt sie sehr. „Diese Freundschaft über den Tod hinaus, dieser Wunsch, selbst im Grab noch den Ruhm des Dichters zu teilen, lässt einen diese guten deutschen Regenten lieben."
Kein Wort und keine Silbe verliert die Schriftstellerin jedoch darüber, Frankenstein

Mary Shelley im Jahre 1840, gemalt von Richard Rothwell. Zwei Jahre später brach sie zu einer Reise auf, die sie auch nach Weimar führen sollte. Das Bild erschien 1889 in einer Shelley-Biografie.

dereinst voller Anspielungen auf Goethes Werke geschrieben zu haben. Bereits der vollständige Titel des Romans „Frankenstein oder Der moderne Prometheus" lässt Parallelen erahnen. Die Sage von Prometheus gehört zu den großen literarischen Themen; gerade Goethe hatte sich dem Stoff mehrfach gewidmet. Schließlich der Faust. Die Figur des mit Mephisto verbündeten Wissenschaftlers ist quasi eine Vorwegnahme jenes Viktor Frankenstein, der die Grenzen wissenschaftlichen Strebens ausdehnt – bis hin zur Erschaffung menschlichen Lebens. Noch dazu spielt Goethes Roman „Die Leiden des jungen Werther" eine Schlüsselrolle in Shelleys Schauerroman. Der „Werther" sei ihm als eine nie versiegende Quelle des Staunens und Nachdenkens erschienen, erzählt das vermeintlich gefühllose Monster. Vor allem „die liebenswürdigen, familiären Umgangsformen, die darin beschrieben wurden", hätten es zutiefst beeindruckt. „Ich bildete mir nicht ein, zum wesentlichen Kern des Falls vorgedrungen zu sein, doch mir gefielen die Meinungen des Helden, dessen Ende ich beweinte." Beide, das Monster wie der junge Werther, fühlen sich letztlich isoliert. Werther entleibt sich selbst, das Monster stürzt sich in einen Scheiterhaufen.

Bleibt die große Frage: Hat Goethe je Mary Shelleys Frankenstein gelesen? Gelegenheit dazu hätte der Dichter allemal gehabt, allerdings nur in Form einer englischen Ausgabe. Doch weder in seiner Bibliothek noch in seinen Tagebüchern und Briefen lässt sich ein Hinweis darauf finden. Die deutsche Erstausgabe erschien erst 1912 und damit 80 Jahre nach Goethes Tod.

Ute Freudenberg, hier am Weimarer Platz der Demokratie. Im Hintergrund ist die Musikhochschule zu sehen, an der sie studiert hat.

Foto: Sascha Fromm

Aha

Weimar, eine Jugendliebe

Stellen wir uns vor, wir treffen unsere Jugendliebe wieder. Und alles ist wie früher … Wir erinnern uns an eine Zeit, als wir nicht mal 15 Jahr alt waren. Damals, als er große Worte sprach und sie ihm alles glauben wollte. „Lachen trägt die Zeit", singt Ute Freudenberg, „die unvergessen bleibt."

Ihr Lied von der Jugendliebe ist das Liebeslied der Thüringer schlechthin. 1980 stürmte die Weimarer Sängerin mit „Jugendliebe" die Hitparaden. Entstanden war das Lied bereits zwei Jahre zuvor. Inzwischen gilt ihr Hit als einer der großen deutschen Schlager.

Alles begann 1971 in einem Ferienlager nahe Sondershausen. Da wurden die Gesangstalente der Ute Freudenberg entdeckt. In jenem Sommer war sie wirklich 15 Jahr. „Und er küsste sie und streichelte ihr Haar." 1972 begann die Freudenberg an der Weimarer Franz-Liszt-Musikhochschule zu studieren. 1976 gründete sie mit Kommilitonen die Gruppe „Elefant" – im Weimarer Hotel „Elephant". Schnell wurde sie zur beliebtesten Sängerin der DDR; sie gewann vier Mal die entsprechende Publikumswahl.

1984 kehrte die Freudenberg nicht von einem Auftritt in der „Aktuellen Schaubude" in Hamburg in die DDR zurück. Sie startete eine neue Karriere und trat unter anderem auf Kreuzfahrtschiffen auf. Die Sehnsucht nach der Heimat blieb. „Ich bin halt ein Weimarer Kind", sagt die Sängerin von sich. Seit 1990 tritt sie hier wieder auf. 1996 zog Ute Freudenberg sogar wieder nach Weimar – symbolträchtig am Tag der Deutschen Einheit.

Das Klugscheißer-Quiz

1. Wer nannte sich Johann Philipp Moeller?
2. Warum suchen Touristen am Marktplatz häufig nach einer geflügelten Schlange?
3. Warum steht das Denkmal des Weimarer Regenten Hanfried ausgerechnet auf dem Marktplatz von Jena?
4. Was hat es mit den Achtbrüdertalern auf sich?
5. Welche Strafen drohten Ehebrechern im klassischen Weimar?
6. Weshalb wurden 1859/60 mehrere Wagenladungen Erde aus Sankt Petersburg nach Weimar gekarrt?
7. Welches Haus nannte man vor rund 200 Jahren auch Sachsen-Weimarisches Bordell?
8. Wen oder was meinen die Weimarer, wenn sie von Stuttgarter Riesen sprechen?
9. Was ist das Taubenschloss?
10. Wer ist Heather Jones?

Auflösung

1. Unter diesem Pseudonym reiste Goethe 1786/88 nach Italien. Der Dichter wollte nicht erkannt werden, was freilich nicht wirklich gelang. Goethe ließ sich als „Signore Filippo Miller Pittore Tedesco" registrieren. Der Namenszusatz steht für „Maler aus Deutschland".

2. Sie stehen vor dem Cranach-Haus und studieren dessen prächtige Fassade wie ein Bilderbuch. Auf einem Fensterbogen, inmitten üppiger Renaissance-Ornamente, prangt das Familienwappen der Cranachs, die geflügelte Schlange. In dem Haus hatte der Maler 1552/53 das letzte Jahr seines Lebens verbracht.

Foto: Mirko Krüger

3. Hanfried ist ein Kunstname aus der Endung von Johann und dem Beginn von Friedrich. Der anno 1547 seiner Macht beraubte Kurfürst Johann Friedrich I. suchte einen Ausgleich für die drohende Bedeutungslosigkeit auch darin, die Wissenschaft zu fördern. Ab 1552 residierte der Fürst in Weimar. Von hier aus begründete er die Universität Jena. 1858 setzte ihm Jena das Hanfried-Denkmal.

4. Als Herzog Johann von Sachsen-Weimar 1605 stirbt, hinterlässt er acht minderjährige Söhne. Zwei Jahre später werden erstmals Reichstaler aus Silber geprägt, die auf der Vorder- und Rückseite jeweils vier Söhne zeigen. Bis 1619 entstehen mehrere Varianten, die das Heranwachsen der Jungen zu Männern bezeugen. Münzexperten sprechen von den Achtbrüdertalern.

Jeweils vier Brüder blicken uns von den beiden Seiten dieses Talers an, der 1614 geprägt worden ist.
Foto: Mirko Krüger

5. Noch bis weit ins 19. Jahrhundert hinein mussten männliche Ehebrecher mindestens für einen Monat ins Gefängnis. Ehebrecherinnen drohten als Mindeststrafe sogar 2 Monate. Ehebruch wurde jedoch nicht von Amts wegen verfolgt. Nur wenn der betrogene Partner klagte, drohte eine Strafe.

6. 1859 starb die Weimarer Großherzogin Maria Pawlowna, eine geborene Zarentochter und orthodoxe Christin. Um sie sowohl in Weimar als auch nach altem Brauch in russischer Erde bestatten zu können, war die Lieferung aus Sankt Petersburg unabdingbar. Diese Erde wurde auf einem Teil des Historischen Friedhofs aufgeschüttet. Darauf errichtete man eine Grabkapelle im russischorthodoxen Stil. Die kleine Kirche ist unterirdisch mit der Fürstengruft verbunden. Das erlaubte es, die Großherzogin an der Seite ihres zuvor verstorbenen Mannes zu bestatten – er in Weimarer Erde, sie in russischer Erde.

Im Haus der Schauspielerin und
Mätresse Caroline Jagemann befindet
sich heutzutage ein Lokal.
Foto: Mirko Krüger

7. Wir sprechen vom Jagemannschen Haus am heutigen Herderplatz. Hier lebte
Caroline Jagemann, die Mätresse von (Groß)Herzog Carl August. In die Straße
vor dem Haus ließ der Regent Stroh streuen, um das Geräusch vorbeifahrender
Kutschen zu dämpfen. Daraufhin nagelten Unbekannte einen Zettel ans Haus:
„Huren müssen auf Stroh sterben." 1815 beschmierte ein Unbekannter das
Anwesen mit Kohle und fingerlangen Buchstaben mit „Sachsen-Weimarisches
Bordell". Frau von Stein, eine einflussreiche Gesellschaftsdame, notierte darauf-
hin süffisant in einem Brief: „Man hat sich vergeblich alle Mühe gegeben, es
ganz zu verlöschen."

8. Der Gedanke liegt nahe, dass damit Friedrich Schiller gemeint sein könnte. Immerhin hatte der Nationaldichter die Karlsschule besucht, eine Eliteschule in Stuttgart.
Tatsächlich sind Stuttgarter Riesen während des alljährlichen Zwiebelmarktes vor
dem Schillerhaus zu finden – allerdings nur an Verkaufsständen. Stuttgarter
Riesen, so heißt die weiße Zwiebelsorte, die in die traditionellen Zwiebelzöpfe
eingeflochten wird.

9. Gemeint ist das 1869 eröffnete Neue Museum. Es wurde 1945 bei einem
Luftangriff der Amerikaner schwer beschädigt. In der Nachkriegszeit wurde
der Bau regelrecht ausgeschlachtet, aber nicht abgerissen. In der Ruine lebten
viele Tauben, was ihr zu DDR-Zeiten den Beinamen „Taubenschloss" eingebracht
hat. Nach der Wende begann der Wiederaufbau. Seit dem 6. April 2019 zeigt
das Neue Museum eine neue Dauerausstellung unter dem Titel „Van de Velde,
Nietzsche und die Moderne um 1900".

10. Diese Frage stellten sich 1988 auch die Weimarer. Im Westfernsehen trat eine
Heather Jones auf und sang das englischsprachige Titellied einer Tatort-Folge.
Das ist doch unsere Ute, dachten viele. Genau, es war Ute Freudenberg. Ihre
Plattenfirma wollte der Sängerin ein neues Image geben. Ute Freudenberg
sprach später davon, sich in dieser Rolle nie wohlgefühlt zu haben. Sie trat
alsbald wieder unter ihrem Namen auf – und mit deutschen Texten.

Wer hat's erfunden?

Wer hat die älteste, noch immer geltende Lebensmittelverordnung der Welt erfunden? Im Jahre 2016 gaben die Bayern darauf eine weithin vernehmbare Antwort. Sie feierten den 500. Geburtstag des Reinheitsgebots; halb Deutschland prostete ihnen dabei zu. Schließlich hatten zwei bayerische Herzöge im Jahre 1516 die Herstellung des Bieres per Landesordnung geregelt. Längst wissen die Bayern diese Vorschrift sehr clever zu ihrem Vorteil zu vermarkten. Sie hatten sogar ihre Zugehörigkeit zur Weimarer Republik an die Bedingung geknüpft, dass ihr Reinheitsgebot im gesamten Reich gelten müsse. Tatsächlich war aber schon im Jahre 1433 eine Brauordnung erlassen worden – in Weimar. Darin heißt es, hier auf Hochdeutsch übersetzt: „Auch soll kein Brauer etwas anderes in sein Bier tun als Malz und Hopfen, kein Steinwurz noch Harz." Hopfen, Malz und Wasser, das sind bis heute die als ehern geltenden Zutaten fürs Bier. Damit ist klar: Das wahre Reinheitsgebot stammt aus Weimar. Es ist 83 Jahre älter als das der bayerischen Herzöge. Gut möglich, dass andernorts noch ältere Reinheitsgebote unentdeckt in Archiven schlummern.

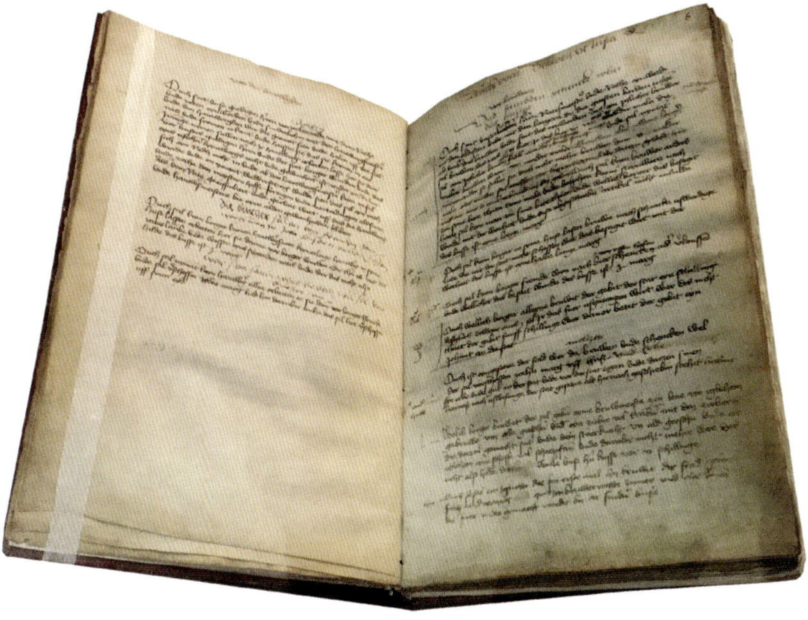

Das Reinheitsgebot ist in diesem 1348 begonnenen Urkundenbuch enthalten. Der sich auf der rechten Seite befindende Eintrag stammt aber erst von 1433, betont Stadtarchivar Jens Riederer. Foto: Mirko Krüger

Über den Weimarer Tatort darf gelacht werden.
Nora Tschirner und Christian Ulmen ermitteln.
Foto: Alexander Volkmann

Aha

Tatort Weimar

Wie pirschen sich schwer bewaffnete Polizisten am besten an das Weimarer Rathaus heran? Genau: Indem sie sich im Schutze einer Bratwurstbude bewegen. 2,20 Euro kostet hier die Wurst. So jedenfalls steht es auf einem Schild. Aber natürlich haben es die Beamten nicht auf eine Bratwurst abgesehen; ihnen geht es vielmehr um ein armes Würstchen. Drinnen, im Rathaus, hat sich ein irrer Erpresser verschanzt. Seine Geisel ist ausgerechnet eine schwangere Kommissarin, gespielt von Nora Tschirner. ➤

➤ Tatort Weimar. Seit 2013 spielen Krimis der berühmten ARD-Serie auch in der Klassikerstad Die fette Hoppe. Der irre Iwan. Der wüste Gobi. Die robuste Roswitha. Bereits die Namen der Weimarer Folgen lassen vermuten, dass hier ein regelrechtes Panoptikum schräger Typen aufmarschiert. Doch mal ganz abgesehen davon, dass mit der Hoppe eine Bratwurst gemeint war und Roswitha eine Kartoffelsorte ist: Es sind zunächst zwei hoffnungsvolle deutsche Schauspieler, die sich die Ehre geben. Nora Tschirner und Christian Ulmen. Beide stehen für ein grundsätzlich komödiantisches Spiel. Nicht nur, aber eben auch im Tatort. Und genau dies ist für manch Zuschauer ein Problem. Es geht um die offenbar alles entscheidende Frage: Sehen wir hier eigentlich einen Krimi? Oder ist es doch nur Klamauk?

Zunächst: In den 90 Sendeminuten reiht sich oft ein sogenannter Gag an den anderen. Wirklich wichtig für den Fortgang der Handlung sind diese Szenen ebenso wenig wie der permanente Wortwitz der Kommissare.

Vor allem im Internet diskutiert deshalb die Fan-Gemeinde: Sind diese Kommissare lässig und cool? Oder doch nur albern? Für eine Serie, deren Folgen mitunter anmuten wie knallharte US-Thriller, sind dies ziemlich irritierende Fragen. An anderen Drehorten erleben wir mitunter Dutzende Tote pro Folge, dafür keinen einzigen Witz.

Vor „Weimar" hatte vor allem der Tatort aus Münster das Privileg, als humorvoll zu gelten. Die Filme mit Jan-Josef Liefers und Axel Prahl sind längst Kult. Haben die beiden mittlerweile ernsthafte Konkurrenz durch Nora Tschirner und Christian Ulmen bekommen?

Wie auch immer: Zwischenzeitlich rief die ARD ihre Zuschauer zu einer Abstimmung auf. Gesucht wurde der Lieblingsspruch des Weimarer Tatorts. Ganz oben stand: „Du, heute bin ich immun gegen Goethe."

In der Folge „Der treue Roy" war diesem Spruch eine Szene vorausgegangen, die an eine Modenschau erinnerte. Die frisch geföhnte Kommissarin schwebte geradezu auf ihren Kollegen zu. Der war mehr entsetzt als begeistert und zitierte Goethe: „Das einfach Schöne soll der Kenner schätzen, Verziertes aber spricht der Menge zu."

Es ist ein Spruch, der wie geschaffen scheint, auch den Zwiespalt der Fans zu beschreiben: Wie ist es denn nun wirklich um den Weimarer Tatort bestellt? Ist er einfach schön? Oder doch verziert?

Weimars Jumbo

Das Hotel „Elephant" ist eines der berühmtesten in Deutschland. Einst galt das Haus als Vorzimmer zu Weimars lebender Walhalla – zu Goethe. Im Oktober 2018 wurde es nach einer Modernisierung neu eröffnet.

„Der Kellner des Gasthofes ‚Zum Elephanten' in Weimar, Mager, ein gebildeter Mann, hatte an einem fast noch sommerlichen Tage ziemlich im September des Jahres 1816 ein bewegendes, freudiges Erlebnis … Mit der ordinären Post von Gotha trafen an diesem Tage, morgens, kurz nach 8 Uhr, drei Frauenzimmer vor dem renommierten Hause am Markte ein, denen auf den ersten Blick – und auch auf den zweiten noch – nichts sonderliches anzumerken war …"
Mit diesen Worten eröffnet Thomas Mann seinen Roman „Lotte in Weimar". Er erzählt von Charlotte Kestner, die das Vorbild für die Lotte in Goethes „Werther" war.
Das Jahr 1955, nunmehr im wahren Leben. Weimar bereitet sich anlässlich von Schillers 150. Todestag nicht nur auf das Jubiläum vor, sondern zugleich auf ein Politikum ohnegleichen. Sowohl das Nationaltheater Mannheim als auch das Württembergische Staatstheater gastieren als erste westdeutsche Bühnen in der DDR. Das lässt selbst linientreue Rezensenten jubilieren: „Was soll das Geschwätz vom eisernen Vorhang? Schillers Feuerstern hat ihn hinweggeschmolzen." Noch aber steht der eigentliche Höhepunkt aus, die Festrede von Thomas Mann. Der in die USA emigrierte und später in die Schweiz gezogene Schriftsteller gilt vielen Deutschen als der letzte große Bürger.
Wo aber soll der Schriftsteller in Weimar wohnen? Natürlich im „Elephant", teilt der Schriftsteller den Offiziellen vorab mit. In jenem Hause also, dem er ein literarisches Denkmal von Weltruf gesetzt hatte. Was Mann freilich nicht ahnen konnte: Längst beherbergte der „Elephant" keine Reisenden mehr. Das Haus war zu einem Internat für angehende Lehrer umfunktioniert worden.
Nun aber, angesichts des Mann'schen Wunsches, wurde das Hotel binnen weniger Wochen wieder hergerichtet. Am 16. Mai 1955 war es schließlich soweit. Gegen 17.30 Uhr traf Thomas Mann in Begleitung seiner Frau und seiner Tochter in Weimar ein. Er schrieb sich als erster ins neue Gästebuch des Hotels ein. Dutzende Prominente sollten ihm bis heute folgen: allerlei DDR-Staatsmänner, Lilli

Der „Elephant"
befindet sich am Markt.
Foto: Mirko Krüger

Palmer (sie spielte die Lotte in der Roman-Verfilmung), Loriot, Udo Lindenberg, Richard von Weizsäcker, Michail Gorbatschow.

Natürlich hatte alles bescheiden begonnen. Vor mehr als 300 Jahren, am 17. Februar 1696, erhielt ein gewisser Andreas Barittig die Konzession, einen Gasthof unter dem Namen „Elephant" zu betreiben. Zu diesem Zeitpunkt gab es in Weimar bereits fünf Gasthäuser. Ein sechstes sei zu viel des Guten, meinten die Konkurrenten und baten den Herzog untertänigst, den „Elephant" wieder zu schließen. Der Regent gab zwar einen abschlägigen Bescheid, doch auch das vermochte nicht zu verhindern, dass der „Elephant" wahrlich eine dünne Haut zu Markte trug. Die Besitzer kamen und gingen, das Haus wurde Herberge und Poststation, ehe es, inzwischen völlig marode, 1766 zwangsversteigert werden musste. In diesen Tagen bestand der Gasthof aus 14 Stuben, 14 Kammern, einer großen Küche und Stallungen für 100 Pferde.

Keine 15 Jahre später wurde der „Elephant" zum Hof der Literaten und Musiker, oder wie es Grillparzer sagte, zum Vorzimmer zu Weimars lebender Walhalla. Goethe, Wieland und Schiller gingen hier ein und aus, später auch Liszt, Wagner und Tolstoi sowie einige Meister des Bauhauses.

Seit den 1920er Jahren gehörte auch Hitler wiederholt zu den Hotelgästen. Vom Markt aus sollen seine Anhänger skandiert haben: „Lieber Führer komm heraus, aus dem Elefantenhaus. Lieber Führer sei so nett, tritt zu uns ans Fensterbrett." 1937 wurde das Hotel nebst Nachbargebäuden abgerissen und von einem der Star-Architekten des Dritten Reichs neu aufgebaut.

In der DDR wurde der „Elephant" zum Interhotel, in Nachwende-Zeiten begann sein Aufstieg zur Luxusherberge. Seine Verbundenheit mit den Großen der Geschichte dokumentiert der „Elephant" längst auch durch die Namensgebung der Suiten. Eine von ihnen wurde nach Thomas Mann benannt.

Als es Korn regnete

Am 25. Juni 1550 soll sich in Thüringen ein ergreifendes Wunder abgespielt haben. Dichte Wolken zogen über Weimar und Auerstedt auf. Doch statt Regen oder Hagel prasselte Korn vom Himmel. Alsbald versammelten sich die Bauern auf den Feldern und schaufelten das Getreide in Säcke.

Brot, das vom Himmel regnet? Wiederholte sich hier das biblische Manna-Wunder? Und warum geschah dies ausgerechnet in einer Region, die zu den reformatorischen Hochburgen gehörte?

Dieser Holzschnitt erzählt vom Weimarer Wunder. Er ziert das 1550 gedruckte Flugblatt.
Foto: Mirko Krüger

Gottes Werk ist unerforschlich, heißt es in einem zeitgenössischen Flugblatt. Es stellt den Kornregen ausführlich dar in Text und Bild. Der „waytzen von himel geregnet un ist an etlichen orten eisn zweren fingers dick gelegen", heißt es. Auch die ausdrücklich als glaubhaft beschriebene Quelle dieser Information nennt das Flugblatt: „Solches hat warhafftig ein mitpurger von Weymar seynem Bruder gen Nürnberg geschriben." Zum Beweis habe er dem Bruder etliche Körner mitgeschickt.

Flugblätter waren in der reformatorischen Zeit so etwas wie die Vorläufer der Zeitung. Sie wurden in hohen Auflagen unters Volk gebracht. Manch heutiger Zeitgenosse fühlt sich gar an Massenkommunikationsmittel wie Twitter und Facebook erinnert. Neben politischen Botschaften verbreiteten diese Flugblätter immer wieder auch boulevardhafte Geschichten. Mordfälle und Katastrophen interessierten schon damals, ebenso Wunder und Kuriositäten.

Populärer
Irrtum

Nietzsche zog es nach Weimar

Nietzsche schaut noch immer aus dem Fenster der Villa – als Skulptur.
Foto: Mirko Krüger

Es gibt nur wenige deutsche Größen, über die Anekdoten in ähnlicher Vielzahl im Umlauf sind wie über Friedrich Nietzsche. Er sprang nackend über Straßen. Er wurde von einem Kutscher versehentlich in einem Bordell abgeladen. Er beorderte mit dem Namenszug „Der Gekreuzigte" den italienischen König zu einer Audienz beim Papst. Er empfahl, auf dem Weg zum Weibe die Peitsche nicht zu vergessen. In Weimar verbrachte der Philosoph seinen Lebensabend. Doch hat er sich wirklich freiwillig für diesen Ort entschieden?

„Jene Dynamitvorräte, die beim Bau der Gotthardbahn verwendet wurden, führten die schwarze, auf Todesgefahr deutende Warnungsflagge. Ganz nur in diesem Sinne sprechen wir von dem neuen Buche des Philosophen Nietzsche von einem gefährlichen Buche." Wir schreiben den 16. September 1886, als

eine in Bern erscheinende Zeitung mit diesem Vergleich vor „Jenseits von Gut und Böse" warnt. Der Mensch, so hatte Friedrich Nietzsche in diesem Buch dargestellt, sei ein „verlogenes, künstliches und undurchsichtiges Thier, den anderen Thieren weniger durch Kraft als durch List und Klugheit unheimlich." Keine drei Jahre später vermag Nietzsche keine einzige derartige Zeile mehr zu Papier zu bringen. Der Mann, der gefährlich war wie Dynamit, fällt in tiefe geistige Umnachtung. 1897 zieht er nach Weimar, wo ihn seine Schwester in der „Villa Silberblick" pflegt. Hier stirbt Nietzsche am 25. August 1900 – und hier sitzt er noch immer tagein, tagaus als Skulptur. Von einem Schaukelstuhl aus blickt er durchs Fenster hinaus ins Thüringische.

Dem umnachteten Nietzsche war vermutlich nicht bewusst, in Weimar gelebt zu haben. Der Nietzsche-Forscher Rüdiger Schmidt-Grépály bezweifelt sogar, dass der Philosoph jemals freiwillig in diese Stadt gezogen wäre. „Nietzsche hat nie Interesse an Weimar gezeigt. Weimar kommt in seinem Werk so gut wie gar nicht vor, auch in seinem Briefwechsel nicht. Nietzsche wäre in der Schweiz und in Italien geblieben, vielleicht auch in Südfrankreich – also immer zwischen den Städten Nizza, Genua und dem Oberengadin. Doch stattdessen hat ihn seine Schwester Elisabeth Förster-Nietzsche im Sommer 1897 in einer Nacht-und-Nebel-Aktion mit Zug und Kutsche in das spätere Nietzsche-Archiv gebracht." Die Absicht der Schwester war eindeutig: Sie wollte den Bruder neben Goethe und Schiller als Klassiker regelrecht inszenieren. 1911/12 kulminierte die Verehrung in dem Plan, zu Ehren Nietzsches eine Walhalla in Weimar zu errichten. Er blieb unverwirklicht.

Die Nietzsche-Rezeption war über Jahrzehnte geprägt durch die von Elisabeth Förster-Nietzsche initiierte Verfälschung des Werks. Schließlich vereinnahmten die Nazis auf dieser Basis den Philosophen für sich. Hitler gab sich als Verehrer des Werks. Er machte der Schwester wiederholt die Aufwartung, auch bei deren Begräbnis 1935.

Ausgangs der 1930er Jahre wurde neben der Villa mit dem Bau einer Nietzsche-Gedächtnishalle begonnen. Kriegsbedingt wurde sie nie als Kultstätte genutzt. 1946 begann der Umbau zum Rundfunkhaus.

Seit 1999 ist in der Villa Silberblick ein nach Nietzsche benanntes Kolleg beheimatet. Es versteht sich als ein Ort freier Geister. Philosophen, Künstler und Wissenschaftler treffen sich, um zu debattieren. Die Villa an sich ist ein Museum. Die Inneneinrichtung und die Ausstattung stammen von Henry van de Velde, der das Haus 1902/03 umgestaltet hatte. Das Haus gehört zur Klassik Stiftung und kann im Sommerhalbjahr besichtigt werden.

Die Villa Silberblick befindet sich in der Humboldtstraße 36.
Foto: Mirko Krüger

Weimar, Erfurt und Goethe

Obwohl Weimar und Erfurt dicht beieinander liegen, klaffen zwischen beiden Städten mitunter tiefe Gräben auf. Da ist zum einen die tatsächliche Bedeutung, zum anderen die gefühlte Bedeutsamkeit. Weimar darf sich als Nabel der kulturellen Welt fühlen, ebenso wie Erfurt mit Recht die Metropole Thüringens ist. Dennoch gibt es in Weimar durchaus auch Neid. Neid darauf, dass Erfurt zur Landeshauptstadt geworden ist. Um mit Goethe zu sprechen: „O Weimar! Dir fiel ein besonder Los! Wie Bethlehem in Juda, klein und groß."
Ausgerechnet der Vorzeige-Weimarer vermag es, Weimar und Erfurt eng zusammenrücken zu lassen. Für ihn haben sich beide Städte trefflich ergänzt. Weimar war sein Lebensmittelpunkt und die Stadt seiner großen Werke. Währenddessen kaufte er in Erfurt gern Wein ein, vor allem aber erlebte er hier große Begegnungen. Allen voran gilt dies für Goethes legendäres Treffen mit Napoleon 1808. Glanzvoller hätte der Termin nicht gewählt sein können. Zur gleichen Zeit weilten der Zar, vier deutsche Könige, eine Königin sowie etliche Fürsten in der Stadt.
Etwa 50 Besuche Goethes in Erfurt sind binnen 40 Jahren nachweisbar.

Das erste Thüringer Landeswappen zeigt sieben Sterne. Sie stehen für jene Frei- und Volkstaaten, aus denen Thüringen im Jahre 1920 gebildet worden ist, darunter Sachsen-Weimar-Eisenach. Erfurt gehörte nicht dazu. Die Stadt war damals Teil von Preußen.
Foto: Mirko Krüger

Wieder ein Stück neue Zeit

Mit einem Jungfernflug nach Weimar, tollkühnen Männern und allzu irdischen Problemen begann 1919 die Geschichte der Linienflüge in Deutschland.

Weimar, am 5. Februar 1919, kurz vor 15 Uhr. Hunderte Augenpaare bohren sich in den tristen Winterhimmel. Sie sind auf der Suche nach zwei kleinen, sich schnell nähernden Punkten am Horizont. Irgendwo aus Richtung Apolda müssen sie jeden Moment auftauchen; das sagen zumindest die Herren von der Flugwache. Festtagsstimmung macht sich breit. Morgen wird sich in der Stadt die verfassungsgebende Nationalversammlung konstituieren. Und weil das so ist, soll Weimar noch heute die Weihen der Lüfte erfahren.

Vier tollkühne Männer in zwei fliegenden Kisten schicken sich an, das Städtchen mit dem Nabel der Welt zu verbinden. Dieser ist aus treudeutscher Sicht natürlich die Reichshauptstadt. Vom Flugplatz Berlin-Johannisthal aus starten die wackeren Mannen. Sie haben insgesamt 4000 Zeitungen an Bord. Druckfrisch und bestimmt für die verehrten Parlamentarier. Die Idee ist hausbacken und genial zugleich. Weil die Politiker an ihrem selbst auferlegten Verbannungsort keinesfalls auf Berliner Postillen verzichten möchten, ergibt sich die einmalige Chance, eine regelmäßige Flugroute zu eröffnen. Diese, so die Vision, könnte natürlich auch Post und Dokumente, ja selbst Passagiere befördern. Von Berlin nach Weimar, von Weimar nach Berlin. Und das nicht nur am 5. Februar 1919.

Reichspost und Eisenbahn scheinen dieser Aufgabe nicht gewachsen. Zwar pendelt täglich ein Parlamentssonderzug zwischen Berlin und Weimar, doch der braucht mindestens 4 Stunden für die einfache Strecke. Noch ärger ist es um die Briefbeförderung bestellt. Sie dauert von Postamt zu Postamt bis zu vier Tage. Doch es gibt eine Alternative in diesem ersten Nachkriegswinter. Erfahrene Piloten stehen ebenso zur Verfügung wie ausgemusterte Militärmaschinen und mit der Deutschen Luft-Reederei existiert auch eine zivile Fluggesellschaft. Eine günstigere Konstellation können sich die Weimarer Stadtgewaltigen gar nicht erhoffen. Schon sehen sie das Ende eines Albtraums nahen, den sie selbst seit

In Berlin werden Zeitungen für Weimar verladen. Die Aufnahme entstand am 22. Februar 1919.
Foto: Deutsche Lufthansa AG

1910 fleißig genährt hatten. Damals gönnte sich die Stadt einen eigenen Luft-schiff-Landeplatz und setzte unverhofft mit 30.000 Mark an Baukosten zur Bruch-landung an. Recht schnell hat sich herausgestellt, dass die geplante Zeppelin-Route von Berlin nach Frankfurt am Main weder in Weimar noch anderswo in Thüringen einen Zwischenstopp einlegen würde.
Weimar, am 5. Februar 1919, gegen 15 Uhr. Unbändiger Jubel bricht los.
Der erste planmäßige Linienflug in Deutschland landet in der Klassikerstadt. Pünktlich und sicher kommen die beiden Doppeldecker an. Noch am selben Tag, in der Nachtausgabe, verkündet der Korrespondent der Vossischen Zeitung (Berlin): „Wieder ein Stück neue Zeit." Zur gleichen Zeit halten die Piloten im Bordbuch fest, zwischenzeitlich in die falsche Richtung geflogen zu sein. Im dichten Schneegestöber war ihnen die Orientierung schwer gefallen, trotz der niedrigen Flughöhe von 150 bis 200 Metern über Grund.
Vier Wochen später veröffentlicht die Deutsche Luft-Reederei eine erste, gewichtige Bilanz. Insgesamt 120 Flüge habe sie im Februar zwischen Berlin und Weimar unternommen. Dabei wurden 206 Kilogramm Post, 5559 Kilogramm Zeitungen sowie 19 Fluggäste befördert.

Wo Marlene Dietrich zur Frau wurde

Eines der großen Geheimnisse der Diva verbindet sich mit Weimar. Erst Anfang der 1990er Jahre wurde es gelüftet – von ihrer Tochter.

„Nicht einmal die Hosen hat er ausgezogen. Ich lag auf dem alten Sofa, der rote Plüsch kratzte mich am Hintern. Mein Rock war über meinem Kopf. Er stöhnte und schwitzte. Es war furchtbar." Als 1992 die Biografie „Meine Mutter Marlene" erschien, lüftete Maria Riva mit der Wiedergabe dieser Erinnerung eines der letzten großen Geheimnisse der Dietrich. Nirgends sonst habe die Diva ihre Jungfräulichkeit verloren als 1920/ 21 im winterlichen Weimar.

Der Verführer der 19-Jährigen sei ihr Musiklehrer gewesen. Professor Robert Reitz. „Es war furchtbar." War es das am Ende wirklich? Und warum wurde eine der berühmtesten Schauspielerinnen aller Zeiten ausgerechnet in Thüringen vom Mädchen zur Frau? Im Oktober 1920 trifft die Dietrich in Weimar ein, um sich in Privatstunden als Geigerin unterrichten zu lassen. Für Robert Reitz, der als Erster Kapellmeister der Staatskapelle firmiert, ist diese Unterrichtsform ein willkommenes Zubrot. Die Dietrich wohnt in dem als Töchterheim genutzten Haus der Frau von Stein. Sie teilt sich das Zimmer mit vier anderen Mädchen.

Die Rolle ihres Lebens? „Ich bin von Kopf bis Fuß auf Liebe eingestellt", sang Marlene Dietrich 1930 im Film „Der blaue Engel". Hier ein Szenenfoto

Im Haus der Frau von Stein lebte Marlene Dietrich 1920/21.
In dem Gebäude befand sich ein Töchterheim. Foto: Alexander Volkmann

„Ich fühle mich so einsam", vertraut sie ihrem Tagebuch an. „Wenn doch einer käme und deckte mit seiner Liebe all meinen Kummer zu und nähme mir alle Qual vom Herzen."

Schon bald erzählt man sich in Weimars Künstlerkreisen, dass die Dietrich ein frühreifes, lüsternes Weib sei. Die Opernsängerin Priska Aich beschreibt sie in ihrem Tagebuch: „Eine Berliner Demi-vierge mit bezaubernd rotblondem Haar und schwarzgefärbten Wimpern, weißem Teint und herrlich roten Lippen, an denen sie immerzu herumbiss." Eine Demi-vierge, das ist eine Verführerin.

Marlene zählt damals 19 Lenze, Reitz ist 36.

Wochen des Übens vergehen. Immer wieder zweifelt Marlene am Vorankommen. Doch „Reitz scheint ja zu meinen, daß aus mir etwas wird", hält sie fest. Dann, im November, stellen sich erste Erfolge ein. Er lässt sie Händel-Sonaten spielen.

Sieht der Professor in Marlene mehr als nur die Schülerin? Oder ist sie es, die die Initiative ergreift? In den Aufzeichnungen der Dietrich findet sich dazu kein Wörtchen, doch dafür umso ausführlicher bei Priska Aich. Bobby Reizlos, so schreibt sie, habe einem Freund gebeichtet, dass er den Flirtversuchen eine Zeit zu widerstehen vermochte.

Im Februar 1921 beendet Marlene ihre Ausbildung in Weimar. Es geht nach Berlin, an die dortige Hochschule für Musik. Ein Jahr später gibt es ein Wiedersehen. Marlene reist nach Jena, trifft sich mit Reitz. Er überreicht Pfingstrosen, schlendert mit ihr Arm in Arm durch die Stadt. Priska Aich erfährt davon und hält dies in ihrem Tagebuch fest. Dazu schreibt sie: „Wie ich neuerdings erfuhr, geht sie zum Film. Na also, endlich hat sie offiziell den Weg betreten, wo sie hingehört, zum Hurentum."

Das welterste Bau-Haus

Vor einem Weimarer Gartenzaun spielen sich die immer gleichen Szenen ab. Touristen über Touristen pilgern ans sogenannte Horn, um einen Blick auf ein weißes Einfamilienhaus zu werfen. Und wenn sie Glück haben, dann öffnet sich für sie sogar die Tür des Flachbaus.

Dann strömen sie herein und bestaunen das Zimmer der Dame und das des Herrn, sie begutachten die Steinguttöpfe in der Küche und auch das gelb getünchte Kinderzimmer. Was man eben so tut, wenn man eingelassen wird in ein Haus, das zum Kulturerbe der Menschheit gehört. Das 1923 entstandene Haus am Horn ist das erste Haus des Bauhauses – und somit der Urtyp des modernen Wohnens.

Alles begann – angeblich – mit einer Vision. Er wollte, so gab der Maler Georg Muche Jahrzehnte später zu Protokoll, eingangs der 1920er Jahre heiraten. „Für meine Frau und mich plante ich das zu uns passende Haus, obwohl ich wusste, dass ich es nicht würde bauen können. Es war also ein Traumhaus, das bis zum letzten durchdacht, zunächst ein Gebilde aus Phantasie blieb."

Muches Traum wurde bereits 1923 von seinem Bauhaus-Kollegen Farkas Molnár im Bild festgehalten. Der Künstler verewigte Georg und El Muche als nacktes Liebespaar vor der Kulisse eines völlig neuen Typus von Einfamilienhaus. Im gleichen Jahr wurde das Haus am Horn tatsächlich in Weimar errichtet, allerdings nicht als Wohnhaus für Familie Muche, sondern als Musterhaus für die erste Bauhaus-Ausstellung.

Wer das museal genutzte Haus am Horn heutzutage besuchen möchte, tut dies am besten zu Fuß. Allein schon das Umfeld lädt zum Flanieren ein. Der Bau liegt am Rande

Der erste Eindruck täuscht: Das Haus am Horn ist nur eingeschossig. Um den zentralen Wohnraum, der über Oberlichter verfügt, gruppieren sich alle anderen Zimmer.
Foto: Mirko Krüger

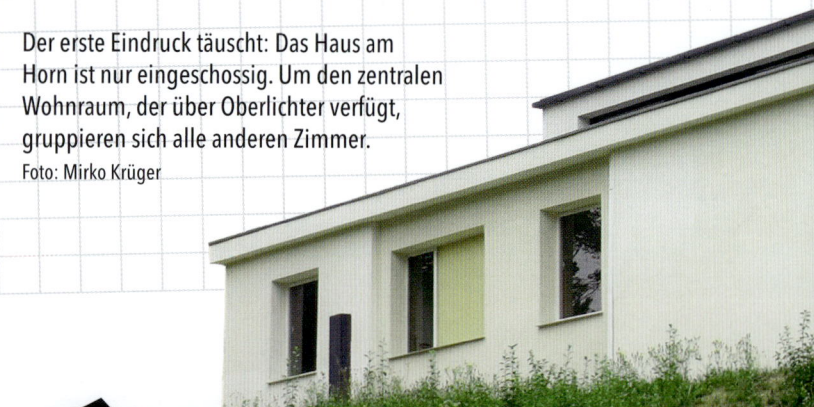

des weitläufigen Ilmparks. In ihm stehen zwei weitere Häuser, die ebenfalls Welterbe wurden und einen spannungsgeladenen Kontrast zu dem Bauhaus-Gebäude bilden. Da ist zum einen die berühmteste Laube der Welt: Goethes Gartenhaus. Zum anderen steht am Gegenhang das Römische Haus. Der klassizistische Bau erinnert an antike Tempel. Diese Gegensätzlichkeit war es auch, die von Anbeginn an heftige Proteste gegen das Haus am Horn aufkommen ließ.

Die Bauhäusler hatten es fertiggebracht, dem gutbürgerlichen Weimar einen Flachbau entgegenzusetzen, der auch heutzutage durchaus noch einen spröden Charme versprüht. Die Bauhaus-Meister scherte dies wenig. Mehr noch, die Widerworte spornten sie an. „Das Ideal des Wohnhauses", so hielt Georg Muche gegen, „liegt in der Zukunft und nicht in irgendwelchen vergangenen Kulturepochen." Inzwischen gehört auch das Haus am Horn einer solchen vergangenen Epoche an.

Der Bauhaus-Gründer Walter Gropius meinte gar: „Der Mensch besitzt die unzweifelhaften Möglichkeiten, seine Wohnung ausreichend und gut zu bauen. Aber eigene innere Trägheit und sentimentales Hängen an Vergangenem hinderten ihn bisher an der Durchführung." Es ist ein auf den ersten Blick eher banaler Gedanke, den Gropius 1924 dem dritten Band der Bauhaus-Bücher voranstellte. Und doch subsumieren diese 28 kargen Worte eine der bittersten Erfahrungen, die das in Weimar begründete Bauhaus je sammeln sollte. Ausgerechnet an dem Musterhaus entfachte sich die öffentliche Hetze wider die Kunsthochschule zum Sturm. Entnervt verließen die Bauhäusler im März 1925 Thüringen, um sich im aufgeklärteren Dessau niederzulassen. Gropius' Wunsch, in Weimar über das Musterhaus hinaus auch eine Mustersiedlung zu bauen, blieb somit unerfüllt. Erst nach der Jahrtausendwende entstand am Horn ein vom Bauhaus inspiriertes Wohngebiet.

Georg Muche blieb es verwehrt, in das Musterhaus, in sein Traumhaus also, einzuziehen. Das Haus am Horn wurde 1924 an einen Rechtsanwalt verkauft, der hier mit Familie einzog. Zuletzt befand sich das Gebäude im Besitz der Stadt. Anlässlich des 100. Jahrestages der Bauhaus-Gründung macht die Klassik Stiftung das Haus ab Mai 2019 wieder für Besucher zugänglich.

Gefrorenes Licht

Ihr Name ist von äußerst sprödem Charme, doch ihrem Erfolg tut dies keinerlei Abbruch. Die „WG 24" ist eine der berühmtesten Lampen der Welt; für manchen ist sie sogar der Inbegriff des Bauhauses.

Seit 1924 hat diese Tischlampe ihre Form nicht mehr verändert. Damals hatten Wilhelm Wagenfeld und Carl J. Jucker in Weimar die ersten Entwürfe aus klarem und aus Milchglas gefertigt, aus Stahl und aus vernickeltem Messing. Die Form der Lampe ist betont einfach und deshalb wohl genial. Klassisch eben, ganz so wie Wagenfelds Schwärmerei. Er hatte von Glas als dem „Zauber gefrorenen Lichts" gesprochen.

Noch immer kann man diese Leuchte erwerben. Ein Schnäppchen ist die sogenannte Wagenfeld-Lampe freilich nicht. Auch darin ist sich dieser Klassiker treu geblieben. Schon 1924, auf der Leipziger Messe, hagelte es Kritik an der bereits damals als zu teuer geltenden Neuheit. Dabei hatte die Hochpreisigkeit durchaus ihre Gründe. Die meisten Bauteile der Leuchte mussten seinerzeit aufwendig per Hand gefertigt werden. Längst kann man die „WG 24" auch im Museum of Modern Art bewundern. Die New Yorker preisen sie an als „MoMA Highlight", als einen Höhepunkt ihrer Sammlung. Wer nicht so weit reisen mag, der sehe sich einfach im nächsten Lampen-Laden um.

Die Villa von der Straßenseite aus.
Der Turm einer alten Windmühle wurde
in den Bau integriert.
Foto: Mirko Krüger

Die Villa des Kriegsverbrechers

Die Windmühlenstraße ist eine der feinsten Adressen Weimars, gelegen im malerischen Südviertel. Nur wenige Gehminuten entfernt befindet sich die Villa Nietzsches, dessen philosophisches Werk von den Nazis geschickt für ihre Propaganda vereinnahmt wurde.

Hier, in der Windmühlenstraße, lebte ein Monster und genoss quer über die Stadt hinweg einen freien Blick gen Buchenwald. Damals, als der Glockenturm noch nicht stand. Damals, als er sich höchstpersönlich für den Aufbau des Konzentrationslagers stark machte. Fritz Sauckel, Reichsstatthalter in Thüringen, Generalbevollmächtigter für den Einsatz ausländischer Zwangsarbeiter, einer der 12 zum Tode verurteilten Hauptkriegsverbrecher.

Während sich die NS-Bonzen von ihrem Lieblingsarchitekten Albert Speer nahe Berlin streng abgeschottete Privatvillen hinstellen ließen, war Sauckels halböffentliches Palais auch dazu auserkoren, nationalsozialistische Bauideologie nach außen zu demonstrieren. Die Entwürfe stammten vom Speer- Konkurrenten Hermann Giesler. Er zeichnete auch für die Entwürfe des Weimarer Gauforums sowie den Neubau des Hotels „Elephant" verantwortlich.

Tausend Jahre wollten Sauckel und seinesgleichen regieren. Tausend Jahre sollte sein Dienstwohngebäude als Residenz dienen – und hat doch längst neue Nutzer gefunden. Seit dem Jahr 2000 fungiert die Villa als Bildungsstätte der Bundesagentur für Arbeit. Rund 10 Millionen Euro hat die Bundesagentur in die Sanierung des Anwesens und den Neubau eines Schulungsgebäudes investiert. Die Agentur bekennt sich zugleich offen zur Geschichte des Hauses und seines ersten Bewohners. Eine ständige Ausstellung erinnert an die von hier aus betriebene Rekrutierung der Zwangsarbeiter. Die Schau ist normalerweise nur für Gäste des Bildungszentrums zugänglich.

Aha **EXTRA**

Das zweite Gesicht

Weimar ist nicht einfach nur die Stadt der Klassik. Weimar ist ebenso eine Stadt, die mit dem KZ Buchenwald zu einem Inbegriff der Barbarei geworden ist.

Historiker sprechen in Anspielung auf die römische Mythologie von einer Janusköpfigkeit der Stadt. Der Gott Janus soll zwei Gesichter gehabt haben. Das eine Antlitz symbolisiert das Licht und das Leben, das andere die Dunkelheit und den Tod.

56.000 Menschen kamen im KZ Buchenwald während der Zeit des Nationalsozialismus ums Leben. Sie wurden hingerichtet, zu Tode gefoltert, starben an Entkräftung oder in Folge von medizinischen Experimenten. Das berühmteste Opfer war Ernst Thälmann. Der KPD-Chef wurde in der Nacht vom 17. zum 18. August 1944 erschossen. Später verbreiteten die Nazis die Nachricht, er sei bei einem Fliegerangriff der Alliierten getötet worden. 7000 weitere Menschen starben in Buchenwald nach Kriegsende – im bis 1950 betriebenen Sowjetischen Speziallager Nr. 2.

Das Konzentrationslager war 1937 auf Betreiben der SS auf dem Ettersberg errichtet worden. Zunächst wurden hier vor allem Deutsche interniert: politisch Verfolgte, Juden, Sinti und Roma, aber auch Asoziale, Homosexuelle sowie Kriminelle. Nach Kriegsbeginn kamen Gefangene aus den eroberten Ländern hinzu, darunter auch sowjetische Soldaten. Etwa 8000 von ihnen wurden per Genickschuss ermordet.

Die heutige Gedenkstätte erinnert sowohl an die Opfer des Dritten Reichs als auch an die des Sowjetischen Speziallagers. Etwa eine halbe Million Besucher kommen jährlich nach Buchenwald. Sie besichtigen solche authentischen Orte wie die Arrestzellen, das Krematorium und die Effektenkammer. Sie verweilen im stummen Gedenken, sie legen Blumen nieder. Im Jahr 2009 gedachte hier auch US-Präsident Barack Obama der Opfer.

Jedem das Seine. Das Lagertor des ehemaligen
KZ zitiert eine aus der Antike stammende Redensart.
Die Verhöhnung der Häftlinge ist offensichtlich.
Foto: Alexander Volkmann

Das Buchenwald-Mahnmal mit dem weithin sichtbaren Glockenturm war in den
1950er Jahren errichtet worden – mit Hilfe vieler freiwilliger Helfer aus Weimar.
Am 14. September 1958 wurde die Anlage als Nationaldenkmal eingeweiht. Die
Erinnerung zu DDR-Zeiten betonte vor allem den Widerstandskampf deutscher
Kommunisten. Im Zuge der deutschen Wiedervereinigung wurde die Gedenk-
arbeit neu konzipiert; nun rückten auch andere Opfer sowie das Sowjetische
Speziallager in den Fokus der Öffentlichkeit. Davon unbenommen wurde aus
Anlass des 60. Jahrestages seiner Einweihung das Mahnmal umfassend restauriert.
Etwa 2,7 Millionen Euro sind nach Angaben der Gedenkstätte dafür ausgegeben worden.

Aha EXTRA

Lampenschirme aus Menschenhaut

Im Fundus der Gedenkstätte Buchenwald befindet sich ein kleiner Lampenschirm. Er wurde bis zum Ende der DDR als „Lampenschirm aus Menschenhaut" ausgestellt. Als solcher prägte er über Generationen hinweg das Bild von der Bestialität des Lagerkommandanten. 1992 ergab eine gerichtsmedizinische Untersuchung, dass der Schirm nicht aus Haut besteht. Das wirft die Frage auf: Gab es jemals einen solchen Schirm in Buchenwald?

Der SS-Mann Karl Otto Koch hatte seit 1933 mehrere Konzentrationslager in Deutschland aufgebaut bzw. geleitet. 1937 wurde er erster Kommandant des KZ Buchenwald. Vier Jahre später geriet er in den Fokus von Ermittlungen der SS und Polizei. Der Vorwurf lautete auf Korruption: Koch habe sich am Vermögen jüdischer Häftlinge bereichert.

Bei einer Durchsuchung seines Wohnhauses im Herbst 1941 soll auch nach einem Lampenschirm aus Menschenhaut gesucht worden sein. Gefunden wurde er jedoch nicht. War der Schirm kurz vor der Razzia vernichtet worden?

Die Aussagen zweier in der Pathologie des KZ tätiger Häftlinge belegen, dass es eine solche Lampe gegeben haben muss. Demnach habe Lagerkommandant Koch persönlich die zu verarbeitende, tätowierte Haut ausgesucht. Einer der beiden Zeugen sagte 1950 im Prozess gegen die Gattin des Kommandanten, Ilse Koch, aus, er habe den Lampenschirm bei den Kochs persönlich abgeliefert. Das Stück sei im August 1941 den Gästen der Geburtstagsfeier des Kommandanten präsentiert worden.

Das Verfahren gegen Karl Otto Koch war 1941 auf höheren Befehl eingestellt worden. Dennoch durfte er nicht länger Kommandant in Buchenwald bleiben. Koch wurde ins KZ Majdanek versetzt. Zwei Jahre später rollten die Behörden die Korruptionsaffäre erneut auf. Die Lampe blieb zwar verschwunden. Dafür aber wurden bei Koch und einigen seiner Getreuen hohe Geldbeträge und große Mengen an Zahngold sichergestellt. Außerdem konnte Koch die Anstiftung zur Ermordung von angeblich auf der Flucht erschossenen Häftlingen nachgewiesen werden; sie waren Mitwisser bei seinen Machenschaften. Auch ein den Kommandanten belastender SS-Mann war unter mysteriösen Umständen ums Leben gekommen. Der Lagerkommandant wurde daraufhin zum Tode verurteilt und 1945 im KZ Buchenwald hingerichtet. Seine Frau kam vorerst mit einem Freispruch davon; sie wurde erst 1947 und erneut 1951 verurteilt.

Nur wenige Tage nach der Befreiung Buchenwalds ordnete die US-Armee an, dass 1000 Weimarer das Lager besichtigen müssen. Zu diesem Zeitpunkt befanden sich noch zahlreiche Leichen im KZ. Den Weimarern wurde auch ein Tisch mit pathologischen Präparaten gezeigt. Darunter befanden sich zwei Schrumpfköpfe, präparierte Menschenhaut sowie ein Lampe. Von dieser Präsentation gibt es zwar Fotos, der damals gezeigte Schirm gilt jedoch als verschollen. Bei der zu DDR-Zeiten ausgestellten Lampe handelt es sich offensichtlich um ein anderes Stück.

Aha

904 gerettete Kinder

„Nackt unter Wölfen". Es gibt keinen Roman, der die Weimarer mehr berührt. Das Buch von Bruno Apitz erzählt nicht einfach nur vom Widerstand gegen die Nationalsozialisten. Das Buch erzählt diesen Widerstand am Beispiel eines Kindes im KZ Buchenwald. Nackt unter Wölfen, das waren die Häftlinge hier inmitten von Thüringen. Generationen sind mit diesem Roman und dem gleichnamigen Film aufgewachsen. Armin Müller-Stahl und Erwin Geschonneck, Herbert Köfer und Fred Delmare spielten Hauptrollen. Im Jahre 2014 begannen die Dreharbeiten für eine Neuverfilmung. Sofort flammte die Diskussion auf: Wird 25 Jahre nach der Wende die Geschichte Buchenwalds neu geschrieben? Ist ein erneuter Film überhaupt vonnöten?

Nein, natürlich musste dieser Fernsehfilm nicht sein. Und doch hatte er seine Berechtigung. Schließlich war „Nackt unter Wölfen" längst in der Gegenwart des wiedervereinten Deutschlands angekommen. Den Anfang machte Müller-Stahl bereits 1980. Er reiste in den Westen aus. Dann, in den 1990er Jahren, belegten Historiker: Die Selbstbefreiung nebst der im Film inszenierten Erstürmung des Lagertors hat es so nie gegeben. Schließlich kam es sogar zu einem traurigen Rechtsstreit. Das legendäre Kind aus dem Roman – Stefan Jerzy Zweig – verklagte den Leiter der Gedenkstätte Buchenwald. Auslöser war das Abnehmen einer Gedenktafel, die seine persönliche Rettung besonders heraushob.

Mittlerweile wissen wir: Es gab nicht nur dieses eine gerettete Kind. Es waren derer 904.

Der Prototyp des Plattenbaus

Thüringer, die in einem Plattenbau leben, werden mitunter dafür belächelt. Vergessen ist, dass solche Wohnungen zu DDR-Zeiten heiß begehrt waren. Mittlerweile stehen sanierte Altbauten und Häuschen im Grünen höher im Kurs. Dabei gibt es Plattenbau-Bewohner, die sich rühmen können, in einem Denkmal zu wohnen, etwa in der Heldrunger Straße von Weimar. Hier steht ein Fünfgeschosser, der ins Denkmalbuch des Landes Thüringen eingetragen wurde.

Ähnliche Bauten gibt es zwar viele. Doch das Weimarer Haus ist ein Prototyp. Es ist ein Experimentalbau – auch wenn man dies dem Gebäude nach seiner Sanierung nicht mehr ansieht. 1964/65 wurde das Haus errichtet. Charakteristisch für die 50 Wohnungen ist unter anderem, dass sie innenliegende Küchen und Bäder haben.

Die Entwürfe stammen von Joachim Stahr, Professor an der Weimarer Hochschule für Architektur und Bauwesen. Er stand unverkennbar in der Tradition des in Weimar ge-gründeten Bauhauses. Hier hatte der legendäre Walter Gropius den ideellen Grund-stein für das industrielle Bauen gelegt. 1924 schrieb Gropius: „Das neue Ziel wäre fabrikmäßige Herstellung von Wohnhäusern im Großbetrieb auf Vorrat, die nicht mehr an der Baustelle, sondern in Spezialfabriken in montagefähigen Einzelteilen erzeugt werden müssen."

Mit dem Weimarer Experimentalbau beschritt Architekt Stahr in der DDR einen Sonder-weg. Er machte dabei aus einer vermeintlichen Not eine Tugend. Eigentlich war von der Staatsführung das „WBS 70" (Wohnungsbau-System) favorisiert worden. Im damaligen Bezirk Erfurt fehlte jedoch das dafür erforderliche Plattenwerk. Entsprechend mussten die Thüringer in den 1960er Jahren nicht den zentralen Entwurf aus Berlin umsetzen. Es blieb die Chance auf ein individuelleres Bauen, dies aber natürlich immer im Rahmen der Großserie.

Der „Experimentalbau Weimar-Nord" entstand 1964/65. Das Gebäude wurde inzwischen komplett saniert.

Foto: Sascha Fromm

Wessis in Weimar

Einigkeit und Recht und Freiheit für das deutsche Vaterland … Oder? Drei Jahre nach dem Fall der Mauer ist vielerorts die Euphorie verflogen. Noch blühen die Landschaften nicht, wie versprochen, dafür betreibt die Treuhand weiterhin den Ausverkauf der ehemaligen DDR-Betriebe. Die öffentlich-rechtliche Anstalt war eigens dazu gegründet worden, die sogenannten VEB zu privatisieren oder aber zu schließen. In dieser Situation meldet sich der Dramatiker Rolf Hochhuth zu Wort – mit „Wessis in Weimar. Szenen aus einem besetzten Land". Am 10. Februar 1993 erlebt das Schauspiel seine Uraufführung am Berliner Ensemble.

In dem Stück steht Weimar stellvertretend für das Spekulantentum jener Jahre. Zwei westdeutsche Familien versuchen, sich das Goethe-Hotel unter den Nagel zu reißen. Hochhuth entfachte bereits lange vor der Premiere einen heftigen Streit, in den sich schließlich auch Bundeskanzler Helmut Kohl einmischte. Auslöser war die im Prolog des Stücks erfolgte Rechtfertigung der Ermordung des Treuhand-Chefs durch die Rote Armee Fraktion. Kohl verlautbarte daraufhin: „Die Äußerungen Hochhuths zu dem Mord an Detlef Karsten Rohwedder lesen sich wie ein Freibrief für die Mörder. Zugleich bedeuten sie eine unerträgliche Verharmlosung der SED-Diktatur und ihrer kommunistischen Misswirtschaft."

1994 wurde „Wessis in Weimar" erstmals in Thüringen gegeben, am Theater Meiningen. In Weimar selbst, am Deutschen Nationaltheater, gelangte das Stück nie zur Aufführung.

Weimars Zwiebilisation

Alljährlich am zweiten Oktober-Wochenende versinkt Weimar im Ausnahmezustand. Dann strömen gut und gerne 350.000 Gäste herbei, um den Zwiebelmarkt zu besuchen – und vielleicht auch, um mit dessen Königin ein Selfie zu schießen. Zuvor hat die Regentin aber ihre vornehmste Aufgabe zu erfüllen. Erst dann, wenn sie am Freitag um 12 Uhr einen Zwiebelkuchen angeschnitten hat, gilt der Markt als eröffnet.

Was anno 1653 als „Viehe- und Zippelmarckt" begann, ist seit DDR-Zeiten zu einem der großen Volksfeste in Thüringen geworden. Weite Teile der Weimarer Altstadt verwandeln sich zur Festmeile. Hunderte Marktstände werden aufgebaut; dazu kommen mehrere Bühnen. Mittendrin unterhalten zahlreiche Straßenkünstler die Passanten.

Die Speisezwiebel steht noch immer im Zentrum des Festes. Traditionell verkaufen Bauern aus Heldrungen (Kyffhäuserkreis) ihre Zwiebelzöpfe. Idealerweise wickeln sie die Sorten Braunschweiger Dunkelblutrote und Stuttgarter Riesen in einen Zopf, so dass ein rot-weißes Muster entsteht. Die Rispen gibt es in vielen Größen, vom Mini-Exemplar bis hin zum mehrere Meter langen Zopf. Früher hängten sich die Menschen diese Zöpfe auf, um Unheil aus der Wohnung fernzuhalten. Heutzutage werden sie vor allem wegen ihrer dekorativen Wirkung geschätzt. Bereits Goethe hat sein Haus gern mit Zwiebelzöpfen geschmückt.

Zwiebelinchen ist
ein typisches
Zwiebelmarkt-Souvenir.
Foto: Mirko Krüger

Druck-Sache

Goethe-Barometer gehören zu den typischen Weimar-Souvenirs. Obwohl es der Name nahelegt, hat Goethe dieses Barometer keineswegs erfunden. Er besaß lediglich ein solches Messgerät … Der Name des tatsächlichen Erfinders verliert sich im Dunkel der Geschichte. Auf jeden Fall gab es derartige Barometer aus durchsichtigem Glas bereits im frühen 17. Jahrhundert. Und was lehrt uns dies? Genau: Einfache Ideen lassen sich am besten dann zu Geld ummünzen, wenn man sie mit einem großen Namen verknüpft.

Beim Goethe-Barometer handelt es sich um nichts anderes als um ein Wetterglas. Es erinnert in seiner Form an eine Teekanne mit einem langen, dünnen Schnabel. Mit Ausnahme des Schnabels ist das Barometer komplett geschlossen. Füllt man es nun mit (farbigem) Wasser, kann man an dessen Stand auf den sich verändernden Luftdruck schließen. Steigt er, wird das Wasser im Schnabel nach unten gedrückt, während die Stimmung der Menschen steigen darf. Schließlich verspricht ein Hochdruckgebiet meist freundliches Wetter. Fällt der Druck, erhöht sich der Pegelstand im Schnabel. Dann wird das Wetter häufig schlechter.

Jetzt muss nur noch farbiges Wasser eingefüllt werden, und schon kann man das Barometer verwenden.
Foto: Mirko Krüger

Aha

Sein oder Nichtsein

Wer William Shakespeare in Thüringen begegnen möchte, muss kein Theater besuchen. Man könnte auch einfach mal flanieren, zum Beispiel ganz in Familie sowie in der Stadt der toten Dichter. Hier, in Weimar, sitzt der Dramatiker ganz lässig im Ilmpark herum. In Marmor hat man sein Ebenbild gehauen. Zu seinen Füßen kullert ein Totenschädel herum, der eine Narrenkappe trägt.

Ist das komisch? Oder tragisch? Geht es gar ums vielzitierte Sein oder Nichtsein?

Sowohl der Schädel als auch das Zitat stammen aus Shakespeares „Hamlet". In der sogenannten Friedhofsszene hält Hamlet den Totenschädel des früheren Hofnarren Yorick in Händen. „Ach, armer Yorick!", stöhnt der Prinz. „Ein Bursche von unendlichem Humor, voll von den herrlichsten Einfällen. Er hat mich tausendmal auf dem Rücken getragen, und jetzt, wie schaudert meiner Einbildungskraft davor!" Sein berühmtes Selbstgespräch „Sein oder Nichtsein" führt Hamlet jedoch nicht auf diesem Friedhof und auch nicht in Gegenwart eines Totenkopfes.

Das Denkmal wurde 1904 eingeweiht. Nirgends sonst in Deutschland gibt es ein Shakespeare-Denkmal.
Foto: Mirko Krüger

Hoch zu (Dampf)Ross

In Bad Doberan dampft der Molli durch die Stadt, auf Rügen rast der Roland und in Nordhausen zieht die Harzquerbahn Touristen an. Und in Weimar? Die Klassikerstadt hat zwar zwei Bahnhöfe, aber mittlerweile hält hier nicht mal mehr der ICE. Wer mal schnell nach Berlin möchte, muss erst nach Erfurt zuckeln, um hier in einen der Superzüge umzusteigen.
Dennoch kann Weimar in puncto Eisenbahn mit einem Superlativ aufwarten. Der Thüringer Eisenbahnverein hat die größte Loksammlung im Freistaat zusammentragen. 40 Dampf-, Diesel- und Elektrolokomotiven stehen auf dem Museumsgelände in Weimar. Dazu kommen Wagen, Straßenbahnen und Straßenfahrzeuge.
Vor allem während des alljährlichen Zwiebelmarkts im Oktober strömen Besucher herbei. Dann findet hier das Eisenbahnfest statt – inklusive Pendelfahrten eines dampfbespannten Zuges zwischen Hauptbahnhof und Museumsgelände.

Selbst erleben

Das Eisenbahnmuseum befindet sich auf dem Gelände eines ehemaligen Bahnbetriebswerks in der Eduard-Rosenthal-Straße. Es öffnet im Sommerhalbjahr von Donnerstag bis Samstag.

www.thueringer-eisenbahnverein.de

Zur Weimarer Sammlung gehört diese 1944 entstandene Lok der Baureihe 52.
Foto: Mirko Krüger

Populärer

Irrtum

Weimars schönste Ruine ist künstlich

In den Weimarer Parks können Spaziergänger nicht nur die Landschaft als solche genießen. Sie erleben mittendrin oft auch romantische Szenerien. Denkmale und Büsten gehören dazu, Wasserspiele und ein Borkenhäuschen – sowie allerlei künstliche Ruinen. Letztere habe man vor allem Goethes Inspiration zu verdanken, heißt es.

Künstliche Ruinen? Aber ja! Ein Memento Mori hatten die Klassiker inszenieren wollen, ein Symbol der Vergänglichkeit. Derartige Neu-Bauten waren im ausgehenden 18. Jahrhundert schlichtweg in Mode. Nicht zuletzt wurden sie vom Mythos Arkadien inspiriert. Zu dieser Verklärung des Lebens gehörte auch das bewusste Setzen der Adeligen und Bildungsbürger auf eine Schäfer-Idylle. Geradezu in war es, sich in Schäfer-Kostümen vor Ruinen porträtieren zu lassen. Auch von der Familie Goethe entstand ein solches Gemälde. Es ist im Hessischen Landesmuseum (Darmstadt) zu sehen. Ruinen bilden ebenso den Bildhintergrund bei dem berühmten Gemälde „Goethe in der Campagna" (Städel Museum, Frankfurt).
Künstliche Ruinen also. In Weimar traf es sich, dass nach dem großen Schlossbrand von 1774 plötzlich ausreichend geeignete Baumaterialien zur Verfügung standen. So konnten gotische Fenster sowie ein Torbogen des alten Schlosses im Ilmpark wiederverwendet werden. Hier gab es bereits eine eher schlichte Mauer, die dem Schützenverein als Kugelfang gedient hatte. Nun wurde sie auf Wunsch Goethes neu gestaltet – zum Blickfang. Diese Mauer lässt bis heute die Assoziation aufkommen, hier habe dereinst eine mächtige Burg gestanden.
Gleich gegenüber dieser Ruine steht eine zweite, die besonders anmutig und zugleich imposant wirkt. Ein sehr alter Efeu wächst an der Mauer ihres Turms empor. Was ausschaut wie eine perfekte Inszenierung, ist jedoch alles andere als künstlich. Es handelt sich um eine echte Ruine. Bis 1945 stand hier das 1786/88 errichtete Tempelherrenhaus. In ihm fanden bereits in der Goethe-Zeit gesellige Veranstaltungen statt, später diente es Bauhausmeistern als Atelier. 1945 wurde das Tempelherrenhaus durch Bomben schwer beschädigt. Seither ist es eine Ruine. Pläne zum Wiederaufbau gibt es zwar immer mal wieder; allein, es fehlt am nötigen Geld.

Zu schön, um echt zu sein?
Die Ruine des Tempelherrenhauses
steht im Ilmpark.
Foto: Mirko Krüger

Das Lange Haus

Weimars faszinierendster Wintergarten heißt, wie er aussieht: Langes Haus. Das Gebäude ist 54 Meter lang und Teil der Orangerie von Schloss Belvedere.

Zahlreiche Gewächse, die im Sommer im Freien stehen, finden hier ihr geschütztes Winterquartier. Noch dazu arrangiert die Klassik Stiftung im Langen Haus immer wieder Ausstellungen mit im Winter blühenden Blumen. Kamelien und Kap-Hyazinthen gehören dazu, Azaleen und Duftpelargonien. Eine alpine Felslandschaft, Springbrunnen und zeitgenössische eiserne Sitzmöbel ergänzen die Blütenpracht.

Zu Zeiten der allgegenwärtigen Gartencenter und Blumenläden hat sich die Begeisterung für die einzelne Pflanze zwar relativiert. Doch dafür wissen wir den ideellen Wert des Langen Hauses umso mehr zu schätzen. Der klassische Bau ist nicht einfach nur ein Wintergarten. Nein, das Lange Haus ist mehr. Es ist ein Haus, in dem man nicht nur Pflanzen schauen kann – sondern ein klein wenig auch in die Vergangenheit. Die Orangerie hatte ihre Blütezeit unter Großherzog Carl August erlebt, der hier mit seinem Freund Goethe botanische Studien betrieb.

Das Universalgenie kehrte damit zu einem ureigenen Thema zurück. Schon während der italienischen Reise suchte Goethe anno 1787 nach der imaginären Urpflanze, dem „wunderlichsten Geschöpf von der Welt". Vergebens, wie wir wissen. In Belvedere ließ er fortan seinem „Versuch die Metamorphose der Pflanzen zu erklären" auch Taten folgen. Goethe setzte einjährige Pflanzen aus und untersuchte ihr Keimen in Abhängigkeit von der Bedeckung mit verschiedenfarbigen Gläsern.

Nicht minder war das Aufblühen der Orangerie vom Drang geprägt, sich mit schwer kultivierbaren Exoten zu schmücken. „Es sind große Schätze welche unser theuerer Fürst versammelt", schwärmt Goethe. Orangen- und Citrusstämmchen, Akazien sowie allerlei Neuholländer (Pflanzen aus Australien und Neuseeland) gehörten dazu. Geradezu zur Manie wuchs sich die Begeisterung Carl Augusts und Goethes für Kamelien aus. Die aus Ostasien stammende Pflanze war bereits seit 1739 in England beheimatet, aber erst zu Beginn des 19. Jahrhunderts sollte sie auch auf dem europäischen Festland zur Modeblume werden. Noch aber war es extrem schwierig und teuer, Exemplare zu ergattern. Selbst Alexander von Humboldt, der 1808 im Auftrag des Herzogs in Paris nach raren Gewächsen suchte, gab verzweifelt auf. Rund 300 verschiedene Pflanzen- und Samenarten habe er erstehen können, meldete er brav nach Weimar. Indes, eine Kamelie noch nicht.

Binnen eines Jahres war das Glück den Weimarern doch noch hold. Zehn verschiedene Kamelien erwähnt das Belvederer Inventarbuch anno 1809. Goethe war regelrecht verzückt. „Ich habe das Innere der schönen Krone geschaut und alle die Dachziegelartig übereinander geschobenen Blätter." Woher die ersten Blumen kamen, verliert sich im Dunkel der Geschichte, nicht aber manch Episode über ihr Gedeihen. Anfangs wussten die Gärtner nicht so recht, dass es die Teepflanze nach einem Moorbeet dürstet – was Carl August ob der gelegentlich ausbleibenden Blüte zetern ließ. Elf Jahre später war das Problem mehr als gelöst; längst wurden Weimarer Kamelien deutschlandweit vertrieben. 27 Sorten listet der Hortus Belvedereanus auf, ein unter Goethes Ägide erstellter Verkaufskatalog für 7900 Pflanzenarten. Ab „1 Rthlr. 12 Gr." waren die Kamelien wohlfeil. Die teuerste, eine „Cj. Maidenblush", kostete 12 Reichstaler und damit ein kleines Vermögen.

Selbst erleben

Die winterliche Blumenschau ist normalerweise zwischen Weihnachten und Ostern zu sehen.

Das Lange Haus (rechter Gebäudeteil) gehört zur Orangerie. Es ist 54 Meter lang.
Foto: Mirko Krüger

Aha

Ein Weihnachtsbaum für alle

Goethe wird vieles zugeschrieben, oft auch fälschlicherweise. Eines aber ist gewiss: Der Dichterfürst hat wie kein anderer Dichter dazu beigetragen, den Weihnachtsbaum zu verbreiten. In den „Leiden des jungen Werther" (erschienen 1774) beschrieb Goethe eine anrührende Szene. Werther erzählt seiner Angebeteten, welch Entzückung von einem Baum ausgeht, der mit Wachslichtern, Zuckerwerk und Äpfeln geputzt ist. Der Roman wurde nicht nur zu einem Bestseller, sondern auch zu einer Handlungsanleitung für viele seiner Leser ...
Vier Jahrzehnte später bescherte das Land, das sich des schönsten Thüringer Waldes auf Erden rühmen darf, ebendieser Welt sogar den ersten öffentlichen Weihnachtsbaum. Im Dezember 1815 stellte der Buchhändler Johann Wilhelm Hoffmann eine Tanne vor seinem am Marktplatz gelegenen Geschäft auf. Diese Tradition wird Jahr um Jahr fortgeführt, längst aber mitten auf dem Markt. Um den hohen Baum gruppiert sich während des Weimarer Weihnachtsmarkts eine kleine Stadt aus Glühweinbuden und anderen Marktständen.

Weihnachten auf
dem Weimarer Marktplatz.
Foto: Mirko Krüger

Aha

O du fröhliche

Eines der beliebtesten deutschen Weihnachtslieder hat seinen Ursprung in Weimar. Vermutlich 1815 schrieb hier der Publizist Johannes Daniel Falk die erste Strophe von „O du fröhliche". Mit diesem Lied wollte er vor allem Waisen erfreuen.

„O du fröhliche, o du selige, gnadenbringende Weihnachtszeit! Welt ging verloren", heißt es in dem Lied, um sogleich optimistisch fortzufahren: „Christ ist geboren, freue dich, o Christenheit." Falk hatte vier seiner Kinder nach einer Typhuserkrankung verloren. Auch vor diesem Hintergrund gründete er 1813 in Weimar die „Gesellschaft der Freunde in der Not". Sie unterstützte Kinder und Jugendliche, die durch die napoleonischen Kriege eltern- und heimatlos geworden waren. Johannes Daniel Falk gilt damit als Begründer der Jugendsozialarbeit.

Das Lied „O du fröhliche" hatte ursprünglich auch zwei Strophen, die sich auf Ostern und Pfingsten bezogen. Die zweite und dritte Strophe des alleinigen Weihnachtsliedes stammen von Falks Schüler Heinrich Holzschuher. Sie wurden 1826, im Sterbejahr Falks, erstmals veröffentlicht.

Weimar. Eine Zeitreise

200.000 v. u. Z.

Im Gebiet des heutigen Ehringsdorf sind immer wieder urzeitliche Jäger unterwegs. Im frühen 20. Jahrhundert konnten hier Fossilien von wenigstens sechs, eventuell auch neun Neandertalern geborgen werden. Die Zuordnung der versteinerten Gebeine ist teils schwierig. Diese Fossilien sind der älteste bekannte Nachweis für menschliches Leben im heutigen Stadtgebiet.

1000 v. u. Z.

Zahlreiche archäologische Funde belegen die dichte Besiedelung der Region in der Bronzezeit. Dazu gehört das 1935 bei Bauarbeiten im Hohen Weg entdeckte Grab einer Frau. Sie war mitsamt einem bronzenen Ohrgehänge bestattet worden.

531

Die Franken überfallen das Thüringer Königreich. Es geht nach einer nicht näher lokalisierten Entscheidungsschlacht unter, welche irgendwo an der Unstrut stattgefunden haben soll. Ob sich in Weimar einer der drei Könighöfe befunden hatte, ist unklar. Immerhin entdeckten Archäologen bei Oßmannstedt das mit reichlich Goldschmuck ausgestattete Grab einer jungen Adeligen. Es stammt aus der Zeit um 500. Die Frau gehörte zu den mit den Thüringern verbündeten Hunnen bzw. Ostgoten. Eventuell war sie die Braut eines Thüringer Prinzen.

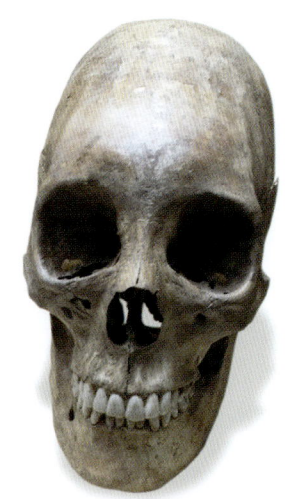

Der Schädel der Frau von Oßmannstedt war in ihrer Kindheit durch Bandagen absichtlich verformt worden, um sie noch schöner erscheinen zu lassen. Er wird im Weimarer Museum für Ur- und Frühgeschichte ausgestellt.

Foto: Mirko Krüger

899

In einer Urkunde des römisch-deutschen Kaisers Arnolf von Kärnten wird Weimar das erste Mal erwähnt – als Vvigmara. In späteren Dokumenten ist auch von Wimares die Rede, von Wimeri und Wimari sowie von Wymar.

949

Mit Wilhelm I. tritt erstmals ein Weimarer Graf urkundlich in Erscheinung. Die Herkunft des Adelsgeschlechts ist unbekannt. Ein gutes Jahrhundert später schließen sich die Grafschaften Weimar und Orlamünde (heutiger Saale-Orla-Kreis) zusammen.

1342

Mehrere Thüringer Adelshäuser führen Fehden gegen den auf der Wartburg ansässigen Landgrafen, der dem Haus Wettin angehört. Auch die Grafschaft Weimar-Orlamünde beteiligt sich. Es geht schlichtweg um die Vorherrschaft in Thüringen. Friedensschlüsse werden verabredet und teils wieder gebrochen. Nach zwei Jahren des Hin und Her verkaufen die finanziell geschwächten Grafen ihre Orlamünder Landesteile an die Wettiner. 1346 geben sie auch ihre Weimarer Herrschaft auf; sie werden zu Wettiner Vasallen. 1372 stirbt mit Hermann der letzte Weimarer Graf.

1410

Weimar erhält das Stadtrecht.

1513

Der Kurfürst von Sachsen, Friedrich der Weise, stimmt einer Landesteilung zu. Sein Bruder, Herzog Johann, regiert einen Teil des Kurfürstentums von Weimar aus. Die Stadt wird damit zur ständigen Nebenresidenz neben Torgau bzw. Wittenberg. Beide Landesherren gehören zu den Schutzherren der Reformation.

1547

Der Schmalkaldische Bund, das protestantische Bündnis gegen den katholischen Kaiser, verliert nach einjährigem Krieg die Entscheidungsschlacht bei Mühlberg (Brandenburg). Der sächsische Kurfürst Johann Friedrich I. wird gefangengenommen und muss die Kurwürde sowie seine Ländereien aufgeben – mit Ausnahme der thüringischen Besitztümer um Weimar. Als er nach fünf Jahren freikommt, wählt er Weimar als Residenz.

1558

In Jena nimmt die Universität ihren Lehrbetrieb auf. Ihre Gründung war maßgeblich von Johann Friedrich I. vorangetrieben worden. Auf dem Jenaer Marktplatz steht seit 1858 eine überlebensgroße Bronzefigur des sogenannten Hanfried.

1617

Die Fruchtbringende Gesellschaft gründet sich im Weimarer Schloss. Sie möchte die deutsche Sprache und Literatur fördern, ist aber zugleich auch ein höfisches bzw. politisches Netzwerk. Zum Symbol der Gesellschaft wird eine Kokospalme, weshalb sie den Beinamen „Palmorden" erhält. 1680 löst sich der Orden wieder auf.

1628

Der Machtkampf zwischen den Söhnen des 1605 gestorbenen Herzogs Johann III. von Sachsen-Weimar eskaliert. Nun, während des Dreißigjährigen Kriegs, kokettiert Herzog Johann Friedrich mit dem katholischen Lager. Seine Brüder sperren ihn daraufhin ein. Im Kerker gesteht der Herzog, mit dem Teufel im Bunde zu sein. Einen Tag später findet man ihn tot in seiner Zelle auf. Die Todesursache ist unbekannt.

1653

Erstmals findet nachweislich ein Zwiebelmarkt in Weimar statt.

1717

Der Hoforganist Johann Sebastian Bach wird für vier Wochen in Arrest gesteckt. Sein Vergehen ist als „halßstarrige Bezeugung" in den Akten überliefert. Nach neun Jahren im Dienste des Weimarer Herzogs hatte er einen Vertrag als Kapellmeister am Hof von Anhalt-Köthen unterschrieben, ohne zuvor in Weimar um Entlassung gebeten zu haben. Bach wird in Ungnade entlassen.

Das von Bruno Eyermann geschaffene Bach-Denkmal wurde 1950 eingeweiht und mehrfach versetzt. Seit 1995 steht es am Platz der Demokratie, etwas versteckt vor einer Wand. Schräg gegenüber hatte das Wohnhaus des Hoforganisten gestanden.
Foto: Mirko Krüger

1741

Das Herzogtum Sachsen-Eisenach fällt an das Herzogtum Sachsen-Weimar.

1775

Der 18-jährige Herzog Carl August übernimmt die Regentschaft. Er wirbt eindringlich um den ebenfalls noch jungen, aber bereits berühmten Goethe. Der Dichter zieht von Frankfurt/Main nach Weimar. Goethe wird alsbald Geheimer Rat und gehört damit dem Geheimen Consilium an, das als oberstes Staatsorgan fungiert. Mehr Macht kann man als Bürgerlicher in einem Herzogtum nicht erlangen.

1799

Friedrich Schiller zieht nach Weimar. Bereits 1789 hatte er eine Professur als Historiker in Jena angenommen.

1804

Die Zarentochter Maria Pawlowna und der Weimarer Erbprinz Carl Friedrich heiraten in Sankt Petersburg. Während der Napoleonischen Kriege (1806/13) flüchtet sie wiederholt vor den Franzosen. Maria Pawlowna erweist sich als Förderin der Künste. 1828 tritt ihr Mann die Thronfolge in Sachsen-Weimar-Eisenach an; sie wird damit zur Großherzogin.

Der Bildhauer Christian Friedrich Tieck verewigte Maria Pawlowna anno 1805.
Foto: Roland Obst

1805

Schiller stirbt in seinem Wohnhaus in der heutigen Schillerstraße im Alter von 45 Jahren. Er wird obduziert. Die Ärzte stellen schwere Missbildungen von Lunge, Herzmuskel und Nieren fest; es sind die Folgen chronischer bzw. verschleppter Krankheiten.

1815

Nach der Niederlage Napoleons bestimmt der Wiener Kongress die Strukturen Europas neu. Das Herzogtum Weimar wird zum Großherzogtum erhoben. Außerdem wird ihm ein Gebiet in Ostthüringen zugeschlagen, es liegt rund um Neustadt an der Orla.

1816

Carl August gibt seinem Herzogtum als erster deutscher Fürst ein „Grundgesetz über die Landständische Verfassung". Es erkennt Rittergutsbesitzer, Bürger sowie Bauern als eigene Stände an und bekennt sich zur Pressefreiheit.

1832

Goethe stirbt am 22. März im Alter von 82 Jahren. Die Nachwelt legt ihm als letzte Worte in den Mund: „Mehr Licht!" Sein Diener Friedrich Krause sollte angeblich die Fensterläden öffnen. Der Diener freilich beteuerte, dass Goethe im Sterben nach einem Pot de Chambre verlangt habe, nach einem Nachttopf.

1842

Der ungarische Komponist und Klavier-Virtuose Franz Liszt wird zum Weimarer Hofkapellmeister ernannt. Er weilt vorerst aber nur selten in der Stadt; Liszt reist während der kommenden Jahre vielmehr durch halb Europa. 1848 verlegt er seinen Lebensmittelpunkt wirklich hierher. Der Komponist wohnt mit seiner Geliebten Carolyne zu Sayn-Wittgenstein in der Villa Altenburg (Jenaer Straße). 1861 ziehen sie nach Rom. Der Komponist kehrt zwischen 1869 und 1886 immer wieder für längere Aufenthalte nach Weimar zurück. Sein in dieser Zeit genutztes Wohnhaus (Marienstraße) ist seit seinem Tod ein Museum.

1849

Der Kapellmeister des sächsischen Königs, Richard Wagner, wird von der Dresdner Polizei steckbrieflich gesucht. Er hatte sich an revolutionären Unruhen beteiligt. In Weimar findet er dank Franz Liszt vorübergehend Unterschlupf. Es kommt zu einem Geheimtreffen des Gesuchten mit der kunstsinnigen Weimarer Großherzogin Maria Pawlowna. Bevor die Sache zum Politikum werden kann, flieht Wagner weiter bis in die Schweiz. In einem Brief erwähnt Wagner später den schönen Eindruck, den die „fürstliche Frau in ihrer warmen Teilnahme" auf ihn gemacht habe.

1860

Die Großherzoglich-Sächsische Kunstschule Weimar wird eröffnet. Aus ihr geht die zwischenzeitlich bedeutendste impressionistische Künstlergemeinschaft in Deutschland hervor. Zuhauf zieht es Künstler wie Theodor Hagen, Ludwig von Gleichen-Russwurm und Christian Rohlfs ins Freie, um die Natur so zu skizzieren, wie sie sich ihnen bietet. Verträumt. Düster. Erdig. Fragmentarisch. Scheinbar zufällig. Berühmtester Schüler ist Max Liebermann.

1897

Der kranke Friedrich Nietzsche wird von seiner Schwester nach Weimar geholt. Er verbringt hier seinen Lebensabend. 1900 stirbt er im Alter von 55 Jahren.

1908

Auf Initiative des belgischen Architekten Henry van de Velde eröffnet die Groß-herzoglich-Sächsische Kunstgewerbeschule in Weimar. Im Kriegsjahr 1915 wird die Schule geschlossen. Zwei Jahre später verlässt der Belgier angesichts von ausländerfeindlichen Kampagnen das Land. Das von ihm entworfene sowie be-wohnte „Haus Hohe Pappeln" (Belvederer Allee 58) ist inzwischen ein Museum.

1918

Am 9. November verzichtet Großherzog Wilhelm Ernst als erster Thüringer Monarch auf den Thron. Binnen drei Wochen ziehen die Regenten der anderen sieben Fürsten-tümer nach.

Zumindest Großherzog Carl August sitzt in Weimar noch immer fest im Sattel – auf dem heutigen Platz der Demokratie.
Foto: Mirko Krüger

1919

Im Deutschen Nationaltheater tritt ab Februar die verfassungsgebende Deutsche Nationalversammlung zusammen. Die Verfassung wird am 14. August verkün-det. Die Weimarer Republik entsteht. Erster Reichspräsident ist Friedrich Ebert (SPD).

1919

Walter Gropius gründet das Staatliche Bauhaus. Im Gründungsmanifest heißt es: „Das Endziel aller bildnerischen Tätigkeit ist der Bau." Zu den Lehrern der Kunstschule gehören Lyonel Feininger, Paul Klee und Wassily Kandinsky. Nach nur sechs Jahren verlässt das Bauhaus die Stadt angesichts massiver Hetze und einer drastischen Kürzung des Etats durch das Land Thüringen.

1920

Der Freistaat Thüringen gründet sich am 1. Mai. Weimar wird Landeshauptstadt.

1930

Erstmals in Deutschland gelangt ein Nationalsozialist in eine Landesregierung – in Weimar. Wilhelm Frick wird Innen- sowie Volksbildungsminister von Thüringen. Schon bald ergeht sein Erlass „Wider die Negerkultur für deutsches Volkstum". Im Bauhaus-Gebäude werden Kunstwerke zerstört bzw. übertüncht. Erst 50 Jahre später wird es gelingen, sie teilweise zu rekonstruieren.

1932

Bei den Reichstagswahlen im Juli stimmen fast 53 Prozent der Weimarer für die Nazis. Zum Vergleich: Reichsweit erzielt die NSDAP ein Drittel weniger an Stimmen.

1937

Häftlinge errichten auf dem Ettersberg das Konzentrationslager Buchenwald. 56.000 Menschen kommen hier während der Zeit des Nationalsozialismus ums Leben.

1947

In Dachau (Bayern) führt die US-Armee den Buchenwald-Prozess gegen 31 Angeklagte. Unter ihnen befindet sich Ilse Koch. Die Ehefrau des einstigen Lagerkommandanten galt unter Häftlingen als „Hexe von Buchenwald" sowie unter Wachleuten als „Kommandeuse". Sie wird zu einer lebenslänglichen Freiheitsstrafe verurteilt, welche kurz darauf auf vier Jahre verkürzt wird. 1949/51 steht Koch in Augsburg erneut vor Gericht. Wegen Anstiftung zum Mord und versuchten Mordes ergeht eine – tatsächlich so vollstreckte – lebenslängliche Haftstrafe.

1952

Die DDR-Regierung gliedert die Territorien neu. Aus dem Land Thüringen gehen drei Bezirke hervor. Weimar gehört fortan zum Bezirk Erfurt und verliert den Hauptstadt-Status an Erfurt, das sich nun Bezirksstadt nennen darf. Weimar ist nur noch Kreisstadt.

1953

Etwa 3000 Arbeiter des Weimarer Mähdrescherwerks beteiligen sich am 17. und 18. Juni am Volksaufstand. Der aus Jena stammende Alfred Diener wird durch ein sowjetisches Militärtribunal zum Tode verurteilt und in Weimar standrechtlich erschossen – zur Abschreckung.

Am Amtsgericht in der Ernst-Kohl-Straße erinnert eine Tafel an Alfred Diener.
Foto: Mirko Krüger

1953

Die „Nationalen Forschungs- und Gedenkstätten der Klassischen deutschen Literatur in Weimar" (NFG) gründen sich. Sie gehen nach der deutschen Einheit in der Stiftung Weimarer Klassik auf, der heutigen Klassik Stiftung Weimar.

1989

Am 24. Oktober findet die erste große Demonstration der Wendezeit statt.

1996

Die Bauhaus-Stätten werden in das Welterbe aufgenommen.

1998

Das klassische Weimar wird zum Welterbe erklärt.

1999

Weimar ist Kulturhauptstadt Europas. Bereits im Vorfeld hatte die Stadt einen Bauboom erlebt. Nun folgt ein künstlerischer Höhepunkt dem anderen: Konzerte, Ausstellungen, Debatten, Performances … Etwa 7 Millionen Gäste kommen. Allein 120.000 Gäste strömen in eine Ausstellung mit DDR-Kunst – trotz oder gerade wegen des damit verbundenen Skandals. Die Ausstellungsmacher hatten die Gemälde auf Folien platziert, die wie Müllsäcke wirkten.

2004

Ein Brand zerstört die 1691 begründete Herzogin Anna Amalia Bibliothek. 50.000 kulturgeschichtlich wertvolle Bücher und Handschriften gehen in Flammen auf, weitere 118.000 werden durch Feuer und Löschwasser schwer beschädigt. Eine weltweite Spendenaktion zur Wiederbeschaffung bzw.- Restaurierung der Bücher startet. Der Wiederaufbau des Gebäudes gelingt binnen drei Jahren.

Was andere über Weimar sagen

„Man nannte Weimar längst Deutschlands Athen."

Madame de Staël, Schriftstellerin

„Weimar hat, wie man scherzhaft sagt, zehntausend Poeten und einige Einwohner."

Johann Wolfgang von Goethe, Dichter

„Die Einwohner sind gesellig, gegen Fremde freundlich, zuvorkommend und gastlich, im allgemeinen lebensfroh."

Ludwig Bechstein, Schriftsteller

„Du hast keine Vorstellung, wie hier um ein Eckchen Regenschirm vom Thronhimmel geschoben und gezankt und gestoßen wird."

Jean Paul, Schriftsteller

„Das Tabakrauchen auf den Straßen und öffentlichen Plätzen ist verboten."

Weimarer Straßenordnung von 1840

Und das sage ich ...